藏书

珍藏版

周易全书

赵文博 主编

捌

辽海出版社

目　录

看主流，无视闲言碎语

原文：官有渝，贞吉。出门交，有功。

释义：思想意识随时更新，坚持正道，吉祥。外出与他人交往可获得成功。

释例：我们处世要了解一个人，一定不要相信那些闲言碎语的干扰。"人言可畏"，闲言碎语是那些见不得人的人惯用的害人暗器。它之所以能起作用，就是因为有人相信它。经验证明，知人选人是极不容易的事。一个人平平庸庸，大家彼此彼此，可以相安无事；一旦某人冒了尖、有了突出成绩，即可引起有关领导注意，能上能下，各种非议就会接踵而来，闲言碎语就是一件"法宝"。有些人平时不干事，袖手旁观，似乎"不犯错误"，专挑别人的毛病，一旦有机会就吹冷风，散布流言蜚语。这种制造闲言碎语、传播闲言碎语的人，是十分令人可憎和厌恶的。这样的人完全可以称得上害群之马，有这样的人存在一天，你的企业就甭想有一日之安宁。

知人者必须看主流，注意保护人才，决不要轻信闲言碎语。否则，许多有真才实学、有组织能力、有创业大志的人才，会因此而受歧视、被压制、遭排挤，还谈什么知人善任呢？

列宁曾经说过："如果一个机关在给专家各方面保障、鼓励优秀专家、维护他们的利益等等方面，没有计划地进行工作并得到实际效果，那末，谁也不会承认它是工作不坏的机关。"

一个企业经营者亦是如此。要做好工作，必先做到知人善任。而要真正做到知人，一定要从各种各样的旧观念、老框框的束缚中摆脱出来，不能求全责备、搞烦琐哲学，不要轻信闲言碎语，要从人才的实际表现出发，看他们对事业的基本态度，看他们工作表现的主流，要真正爱惜他们、保护他们，做到求才若渴，爱才如命。这才是非常重要的。

变中不变，不变有变

原文：随有获，贞凶。有孚在道，以明，何咎？

释义：他人追随自己，虽有收获，但有可能发生凶险。虽有凶险，但只要心存诚信，不违正道，使自己的

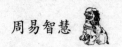

美德显明，那还有什么危害呢？

释例： 巴特进微软后，在微软得到了相当宽松的环境，除了比尔·盖茨有时向他请教一些问题外，几乎没有人来打扰他，"微软也不给我派什么任务，也不规定研究的期限，我可以一门心思地钻研一些我感兴趣的问题。有时，比尔·盖茨来问我一些很难解答的问题，比如大型存储量的服务器的整体架构应该是怎样的？像这一类问题我一般都不能马上回答，而要在一两个月之后才能给他答复，因为我要整理一下材料和思路。"

由于巴特不在微软总部办公，而是在位于波士顿的微软研究院，因此，巴特与比尔·盖茨之间的这种交流完全是通过电子邮件来完成，"比尔·盖茨给我发来的电子邮件一年大概在 10 个到 100 个之间。"

"我很少见到比尔·盖茨，与比尔·盖茨之间一年也就能见上三四次，但每次见面并不是一对一的交流，而是与大家在一起开上半天或一天的会。"

巴特来到微软时被任命为首席技术官，四年过去了，他依然是首席技术官，然而他的手下没有任何一个兵，他也不管理任何一个人，"我只管理我自己"。巴特对于这种状态非常满意，他认为如果真是一位非常好的技术人员其实并不需要要参与任何管理，"一个最好的技术人员变成最好的管理人员并不是一个好主意，因为这样做的结果往往会损失了他的技术特长，而且技术人员做管理有时也不一定能变成一位最好的管理人员。"但巴特又强调说："有一点非常重要，在微软不仅好的管理人才能获得成功；如果一位好的技术人员不愿参加管理，也同样能在微软获得成功"。

在其它公司，工程师们总会被经常告诫说，工程师不仅要做好自己的本职工作，还要做好本职工作的以外工作；不仅要明白自己的技术，还要明白销售、市场、制造、金融甚至是房地产等技术以外的事情。"而在微软，情况则完全相反，工程师只须做好自己的本职工作，你的项目如果获得成功，你就可以得到成功，因为微软其它的工作也都管理得很好，微软在各个部门都有很好的管理人员，你不会因为销售员不知道怎么去销售而受到损失。"

"微软是一个非常有趣、非常有刺激的工作场所，这就是为什么微软会有上千个百万富翁每天还要去上班的原因。比尔·盖茨有一个很好的特长，即他有一个非常好的判断力，他会很快知道什么是很重要的事情，什么是不重要的事情。比尔·盖茨对研究人员的管理方法也很独特，他常常让这些人去研究一些非常具有挑战性的问题。"

在微软研究院，微软从不规定研究人员的研究期限，但对开发部门却规定了期限，因此微软大部分的技术人员在开发产品时有期限要求，"真正的研究是无法限定期限的，因为都是一些个未知的东西，但开发必须有期限，这是研究与开发的最根本的区别。但是我如果花了两年时间还没有研究出结果的话，我就会认为这个题目可能不是一个非常好的题目，我往往会放弃它。"

也有奇效的"立即惩戒"

原文：拘系之，乃从。维之。王用亨于西山。

释义：只有拘禁起来强迫、命令他，他才不得不顺服追随，再用绳索捆绑紧，才能追随到底。君王在西山设祭，要出师讨伐那些不顺从的人。

释例：要让员工感到自己正在领导时代，充分享受自己工作的成就感，才能最大限度地激发员工的工作热情与灵感。

5

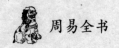

虽然工作压力大，但微软公司员工的流动率，却是同业最低的。

比尔·盖茨成功地运用"转换式管理"：将公司的重任分解为各个工作小组，充分发挥每位员工的才能。微软公司的管理风格，简言之，就是在不断的压力与不断的动力中成长。压力刺激灵感，也变成了他们的动力。

比尔·盖茨不断地将自己和员工逼向极限，让微软公司全体员工一起接受挑战，一起成长，享受着领导时代的成就感。

公司只需要经得住磨炼的人，微软公司对员工的要求有时几乎能用苛刻来容易，但正是这种苛刻，使得公司中的每个员工都是精英。

比如，比尔·盖茨在给予员工高福利和内在成就动机的满足的同时，又经常用批评、威胁的方式管理员工，在公司内部推行"立即惩戒"与"固定的淘汰率"制度。

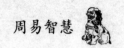

慎重决策，基业长青

原文：干父之蛊，有子，考无咎，厉终吉。

释义：挽救父辈所败坏了的基业，由能干的儿子来继承父辈的事业，必无危害；即使遇到艰难险阻，只要努力奋斗，最终必获吉祥。

释例：我们常常因为害怕而不敢说真话。5 年前，韩国三星电子公司主席李健熙决定投资 130 亿美元打入汽车市场，很多高层职员深知汽车市场早已饱和，但因惧怕老板的硬朗作风而保持沉默，结果三星公司汽车业务一败涂地。

三星公司在 1997 年决定进入汽车产业，当时很多三星的高层经理心里都很清楚，汽车工业早已经是生产大量过剩、各大巨头打得头破血流的一片烂泥潭。但是李维健是一位非常强势的领导者，也是一个狂热的汽车爱好者。结果是，三星汽车刚刚投产一年就关门大吉。李健熙不得不从自己的腰包里掏出 20 亿美金来安抚他的债主们。这时候他才感到震惊："为什么当时我说要上马的时候就没有一个人反对呢？"

寅吃卯粮，危机暗藏

原文：裕父之蛊，往见吝。

释义：宽缓地挽救父辈败坏了的基业，往前发展，必然会因耽误时机遗憾惋惜。

释例：没有谁比华尔街更喜欢成功的故事。而在上个世纪90年代末，没有谁的成功故事会比朗讯CEO里奇·麦克金讲的更动听。他最知道怎样取悦华尔街——它喜欢爆炸性的飞速增长，而作为回报，华尔街也把麦克金和他的团队捧成了天皇巨星。

但是当麦克金忙于在华尔街面前搔首弄姿的时候，他至少忽略了来自另外两方面的声音。首先是朗讯的科学家们。他们一直担心公司会错过一项新的光通讯技术OC—192的开发，这项技术可以加快通讯过程中语音和数据之间的转换速度。他们曾经非常自信地为这项技术的研发而辩护，但最终却只能眼睁睁地看着老对手加拿大北方电信在OC—192项目上取得辉煌的成功。另外，麦克金还忽视了来自营销队伍的声音。听取他们的声音，他本来可以让公司的增长目标变得更加现实。要知道，为了达到麦克金对华尔街许下的那些不切实际的目标，公司的销售队伍已经在"寅吃卯粮"，他们给客户低得可怕的折扣，为客户提供过份慷慨的贷款安排，而更要命的是这些客户大多都是些前途未卜的"．com"。

这种代价高昂的繁荣自然持续不了多久。朗讯的股票一转眼跌去了80%。董事长亨利·肖特最终不得不换掉了麦克金。当他痛定思痛的时候，说了这样一段话："股价只是个副产品，股价不是推动力。每当我们忘记了这一点，就必定会有一段惨痛的经历接踵而来。"

摩根信条，感应尊贵

原文：咸临，贞吉。

释义：感应尊贵者，使其行督导之责。可获吉祥。

释例：价格是相对的，一切有价格的东西，都能与其等价交换（当然，这里要有货币的功能）。相反，人格或叫尊严、荣誉也好，并不是相对的，而是绝对的。任何有价值的东西，都不能代替人格和尊严。人为了获得财产和社会地位，即或是为了保卫自己的生命，而出

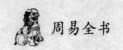

卖自己的人格和尊严，不仅要受到别人的蔑视，而且也要受到自己的蔑视。被后人誉为"华尔街大佬"的摩根，拥有总资产740亿美元，控制着全美所有企业资本的1/4。他在临终前给全世界留下了一句名言："只有有人格的人才能得到我的贷款。"

摩根的女婿在日记中写道："摩根在他死去的前一年的感恩节，享受到了他一生中最后的一次欢乐。"

在这个感恩节之后，摩根被迫前往"金钱托拉斯听证会作证"，被反托拉斯议员搞得疲惫不堪。

在听证会上，摩根神态自若，镇定如常仪态威严地坐在证人席上。

在听证会的第一天里，摩根从合作者及业务内容开始耐心说明，详细述说了全部铁路及各企业与摩根公司的关系。对于各企业与个人的银行及信托公司的存款金融，也根据准备好的备忘录，在听证会上作了公开展示。

第二天，英国伦敦所有报纸都推出大字标题："摩根信条——人格是信用的基础！"

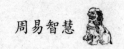

亲善督导，不近祸害

原文：至临，无咎。

释义：亲善地督导下级，则必然没有祸害。

释例：一个聪明的伟大领袖永远关心下属，他不时地替下属的健康、家境、幸福等设想。让下属把他当成可靠的长者，对他敬爱有加，十分关心他的事业，恨不得使出自己所有能力帮助他。

记住这个要则：你要获得别人帮助，必先帮助别人。帮助别人愈多，未来的收获也就愈大。

惟有最愚笨的领袖才想尽方法去奴役他人，希望他人毫无条件地为他尽力。

卜里亨钢铁公司经理许瓦伯说："惟有那些能够发掘人才的人，才是世上最伟大的人物。我总觉得发掘人才比制造财富要有价值得多。"

许瓦伯先生把青年训练成干才后，对于他自己的事业是否会发生不利的影响呢？不，绝不会，反之，他却因此获得极大的助力。

惟有怀疑自己是懦怯的"领袖"，才会处处压迫下

属，希望他们都变成没有个性、只知听取命令的机械人。而结局大都出乎他们意料之外，多数反而被他们有能力的下属压倒在下。

敦厚淳朴，吉祥无碍

原文：敦临。吉，无咎。

释义：忠厚地莅临为政，吉祥，不会发生灾祸。

释例：曾经读到一句格言：知道不等于得到。这句话的意思是说：知道不等于悟到，悟到不等于做到，做到不等于得到。有一个典故，讲的是白居易学禅的故事，最经典的一句话译成白话是：世界上人生哲理真的就是这么简单，但有几人能做到？

现在有很多管理人员总对他的员工这样说："照我说的做"。可他们不明白，这是下下之策。真正的上上之策应该是："照我做的做"。

管理人员的工作习惯和自我约束力，对员工产生着十分重要的影响作用。

如果一个领导者经常无故迟到，私人电话一个接一个，工作过程中又不踏实，总是盼望着下班，那么他就很难管理好他的所在部门，所有工作都会搞得一塌糊涂。

领导者以身作则是玛丽·凯公司所有管理人员的准则。玛丽·凯每天把都未完成的工作带回家把它继续做完，她的工作信条是："今天的事绝不能拖到明天"。她从来没有要求她的员工也这么做，但她的助理以及七位秘书也都具有她同样的工作风格。

1970 年美国流行穿长裤，但玛丽·凯不管是在什么时候从来不追逐这种流行，始终保持着自的形象。她甚至为了保持自己的形象而放弃了她一生中最大的爱好——园艺。因为她担心自

己会在不留意中，让沾在身上的泥土破坏自己的形像。

正是由于玛丽·凯的这种以身作则，公司里每一个职员都衣着整洁合体，形象光彩照人。

孔子曾经说过："已欲立而立人，已欲达而达人。"

它的意思是说，只有自己愿意去做的事，你才能要求别人也去做，只有自己能够做到的事，才能要求别人也去做到。

有一次，石油大王洛克菲勒穿着运动装去公司上

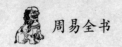

班。此后几个星期，他公司所有的男性员工都穿着运动装来上班，这个时候藉克菲勒才意识到自己犯了一个严重的错误，马上又恢复他应有的工作形象，不久他的员工们的形象也就都得到了恢复。

一针见血不容情

原文：屦校灭趾，无咎。

释义：足戴脚镣，断掉了脚趾头，不会有施刑过重的祸患。

释例：运用批评、惩罚手段时应更富有技巧性。"打一巴掌"很重要，但一定要打得响，打得绝。具体说，这一巴掌要有如下要求：要稳。采用强硬手段惩罚一个人，也是要冒风险的。这主要在于惩罚对惩罚者本身，或许这个人有良好的人际关系，或许掌握着关键技术信息，或许有着很硬的后台。拿这样的人开刀，就要对其背景多加考虑，慎重行事。惩罚不当终会带来抵制和报复，因此在动手之前首先应想到后果，能够拿出应付一切情况发生的可行办法。

要准。批评、惩罚都要直接干脆，直指其弱点，直刺痛处，争取一针见血。有时某人总是犯一种同样的错误，或者代表一类人的错误，这时的惩罚一定要选准时机，待其犯错最典型、最明白、最有危害性时方痛下杀手。这时切忌无事生非，不明事实；也切忌小题大做。这样才会做到让受罚人口服心服，有苦说不出；也才会真正让众人引以为戒。

要狠。一旦认准时机，下定决心，便要出手利落，坚决果断，毫不容情。切忌犹豫不定反复无常，拖沓累赘。一些杰出的领导者的经验便是："一旦采取坚决措施，便变得冷酷无情"，"即使当他们不得不解雇某人时，也并不因强烈的内疚而变得犹豫不决。"这样做，也是在向众人显示，我的做法是完全正确、适宜的，我对我的做法毫不后悔，充满信心，这是最好的选择。

打这一巴掌是必要的，但应少用、善用，而且打过之后，便是要好言抚慰了。多揉一揉也同样是必要的——如果你想把他仍然留在身边做事的话。

如果被打的人恰恰是对你很重要的人或很有背景的人，譬如说是某个上层人物的亲戚，打过之后，你可以私下对他说："你看我这样做也是出于管理工作的需要，我只能如此。并不只是针对你个人啊。"注意，这只是

抚慰，不是道歉！他的错处，也还要让他自己承认与改正，你不过表明你的良苦用心罢了。

打过之后，你不妨还可对其多加照料，礼遇有加。这时他会觉得你所做一切只是针对某事而非针对某人，他自己还是有希望的。这时他会因为你的器重而感恩不尽，努力达到你对他的要求。

我们看《三国演义》或《水浒传）之类的小说，往往可以看到类似的情节：一员大将骁勇善战，忠心耿耿，却不幸在一次战斗中失败，被对方俘获。当他被五花大绑推到堂上，正准备从容就义之时，对方高明的领袖一见，忙亲自上前松绑，口称英雄，恩礼有加。结果会怎样？不用说，多数英雄也都感谢知遇之恩，以求今后以死相报了。

从这里我们正可看出威吓与恩礼相互结合运用的妙处。

痛定思痛求其好

原文：噬肤，灭鼻，无咎。

释义：施刑伤及犯人的皮肤。即使毁掉犯人的鼻

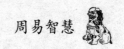
子，也不会有施刑过重的祸患上。

释例：赏有信，罚必果。孔明"挥泪斩马谡"虽然令人鼻酸，但我们也不能不取信于人。

中国的三国时代蜀汉丞相诸葛亮命令马谡率领精兵，防守街亭要塞，和北方的强敌曹魏对峙。后来，曹魏大军来攻，马谡一不该疏忽诸葛亮"紧守"的指示，二不该拒绝副将王平的忠告，而仗恃着自己的才干，轻率出兵会战，结果导致严重失误，全军覆灭，街亭也因而丢失。

马谡撤回之后，依照军法，身为将帅因故违抗军令而导致失败，应处斩刑。马谡是诸葛亮一生中最喜爱的部将，以私情而论，诸葛亮心中非常不忍。可是马谡所犯的过失已经严重到动摇蜀汉根基的地步，如果诸葛亮不能明快的处置，将来无法维持民心士气。所以为了对蜀汉的全体军民有所交代，诸葛亮内心悲痛，泪流满面，终于还是下定决心，把马谡斩首示众了。

诸葛亮斩马谡之后，还深深悔恨自己无法看透他人的贤智和愚昧，把防守要塞的重任交给一个轻率的将军而贻误国家大事，所以深感自己也有连带责任。于是就亲自觐见蜀帝，自请处分，要求从丞相降为右将军。虽

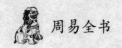

然蜀帝一再安慰他、重用他，但是他这一连串大公无私的明快处分，已经赢得蜀汉军民无比的敬爱，所以后来他出兵讨伐曹魏时，民心士气大振，打赢了好几场战役。

自正方可正人

原文：噬腊肉，遇毒；小吝，无咎。

释义：实施刑法像咬坚硬的腊肉并遇到毒物那样不顺利，但这不过是稍有憾恨，还不至于有祸害。

释例：在各项规章制度中，王洪德更为重视财务管理。

同许多大企业一样，京海的财务规章制度可以做到事事有章可循。对外，王洪德特别强调要摆好京海与国家的关系："公司决不能挖国家的墙角，公司的发展是靠国家的政策，对国家的利益只能维护，不能有丝毫的损害！这就需要对企业从严管理，尤其要严格财政纪律"。

他经常提醒财会部门，账目一定要一清二楚，随时准备有关部门检查。由于公司的快速发展，常常被人说长道短，但"身正不怕影子斜"，十年来公司经受住了上自中央下至地方的历次财务大检查，反而在检查中屡次受到上级的表扬嘉奖，京海"奉公守法"的声誉愈来愈大愈好。

王洪德经常教育职工，在经济问题上要有严格的自我约束意识。他以他的生活经验告诫员工："任何一个人的垮台，都是自己把自己打倒的。"应该像古人说的那样："穷且益坚，不坠青云之志。"他一再强调创业之初便宣布的约法三章："一、遵纪守法，洁身自好，保持改革者的完好形象；二、在各种技术商务活动中，不谋私利；三、不许贪污腐化。"他当众宣布："大丈夫有言在先，如果我王洪德触犯了'约法三章'，主动自裁。其它人谁违犯，谁就自动离开公司！"

王洪德对下属历来以宽宏大量称着，但是为了严明纪律，杜绝后患，对那些贪污受贿款额巨大、情节恶劣者也从不手软，公司创办十年来，曾有一个工程队长和一个副总经理因贪污巨款，受到了法律惩处。

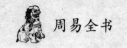

信赏必罚

原文： 噬干子，得金矢；利艰贞，吉。

释义： 实施刑法像咬带骨头的肉那样困难，但因具有金箭般的刚直品德，因此有利于在艰难中坚守正道，其结果是吉利的。

释例： "信赏必罚"自古以来即是我们所应遵循的法则。信赏必罚的重点在于及时和适度。立刻施行，大家才会知道效法和警惕。所谓"适度"，就是奖惩的程度要适当。大功大赏，小功小赏；大过严惩，小错薄罚。一定要在公平的范围内处理得让人心服口服，奖惩才有意义。

如果因为私心，小功给大赏，或是大过而薄惩，那么所引起的后果，可能比不处置还严重。

要做到真正的"信赏必罚"固然不容易，可是成功的领导者还是可以把握住分寸。以诸葛亮为例，他以身示教，不但忍心斩了最喜爱的将领，并且自请处分，以示负责。他的态度固然诚恳感人，而他的意念更是公正无私，在这种情况下所作的处分，一定可以对众人有相当的警示作用。

斥责与赞扬、惩罚与奖励，这是促进员工的两件法宝。但是在做出惩罚决定时，其先决条件是弄清事实，这一点很重要。只有这样才会做到掷地有声，又稳又准。

事实往往是一种难以捉摸的东西，它们会被形式所掩盖。你必须分清真实与怀疑之间的界线你必须创造一种让大家看起来是公开、诚实、信任的气氛。事实的真相也是难以捉摸的，它并不是在一张纸上提供一套简单的事实，而是穿着多彩的外衣。我们很少能一眼看出真相，你必须从不同的角度去看，如果从单一的角度去看问题，往往会出现失误。

因此，我们经常弄不清事实的真相而发生误解，根据不完全的信息作出判断，或者因不喜欢或不信任某人而对他所提供的重要消息置之不理。

为了成功地做好事情，我们必须首先弄清事实，不要受人道主义及宗教信仰等方面的影响。如果我们故意误导，带有偏向，不将事实弄清，那你的威信将大大受影响。不但受到你惩罚的人会满腹委屈，其它明白真相的人看在眼里，也会替他鸣不平。

在处理事情时，我们容易假定自己什么都清楚，我们容易戴着有色眼镜看人，不管什么颜色，看起来都只是一种颜色。我们必须认识到自己不可能拥有一幅完整的图画，我们常常根据不完全的信息作出判断。商业时代处处充满风险，尽管我们拥有大量经验，但也不能保证过去发生的某一事情或某一行为方式会在将来的同样条件下重现。

对待事实问题，我们还必须区分事实与观点的不同。很多人往往将这两者混淆。例如，他们喜欢将"某人懒惰"、"某人没有竞争性"等作为事实。某人很少主动帮助别人是一个事实，但这并不意味着他就是一个懒惰者。关键是要抓住核心的事实，能够面对挑战和展开详尽的调查。

弄清了核心的事实，才能更好地做出有效的决定。核心的事实是所存在的一些有形的东西，是一些实际发生的东西。这些有形的东西可以用确切的语言来描述，也可以用数量来衡量。

例如，某人上周迟到了三次，这是一种事实，但某人总不守时，却不一定是事实；某人昨天失去了一批订单是一个事实，但他干不成任何事情则不一定是事实。

弄清事实，也需要建立一种关系与信任。这意味着你能准确地判断谁不大可信，同时也意味着我们不能以个人的信任和观点来掩盖我们面前真切的事实。总之，弄清事实才能让我们下定决心，是该奖还是惩。这样才会有的放矢，才会威服于人。

校正身心，行为有向

原文：贲如，皤如，白马翰如；匪寇，婚媾。

释义：装饰得那样素雅：全身洁白如玉，乘坐着一匹雪白的骏马，轻捷地往前奔驰。前方的人并非敌寇，而是自己求聘的婚配佳人。

释例：王嘉廉是一位非常有魅力的人。为此，夏恩的首席执行官胡艾瑞征率夏恩公司主动"投靠"了王嘉廉。在"投靠"前，夏恩是世界第一大的安全软件供应商，该公司在防病毒及数据备份上是全球的领先者。胡艾瑞征说："夏恩与 CA 在谈合并时，我的最大动机是想能与王嘉廉在一起工作，合并后，我留下来也是因为王嘉廉。"

王嘉廉是一位非常有远见、有修养的人，胡艾瑞征

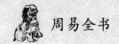

非常佩服他。行动力是王嘉廉的最大特色。但是，胡艾瑞征与王嘉廉之间也经常讨论和争论。他认为，如果不讨论、不争论就不知道彼此之间的立场在哪里，争论也是沟通的一种方式，争论主要在方针、策略、产品、用人上的一些想法，一个人穿衣服时一定要照照镜子，一个人做决定时，也要找其它人照一照，看看是否正确。

那么，王嘉廉一旦退休后，CA 还能继续有活力吗？在胡艾瑞征看来："一家企业总要有一个企业文化，王嘉廉就像一个种子，企业文化像是一棵树根，慢慢会开花结果。王嘉廉即使退休，但把企业文化还留了下来，我们看事情的方式、我们做事情的态度，企业文化在无形中帮助了思维和执行。王嘉廉在公司培养了一大批会思考的人。"

亲贤臣，远小人

原文：硕果不食，君子得舆，小人剥庐。

释义：丰硕的果实独存而尚未被摘食，要是君子摘取到了，将能驾驭车舆而造福百姓；若被小人摘取到了，将会导致万家屋宇横糟剥落颓败的厄运。

释例： 每个人都希望别人能看到自己所做出的事情被认可。忽视幕后英雄而浪费大量时间应付那些叫嚷抱怨者的领导者很快就会发现，他们的身边到处都是叫叫嚷嚷者。

寻找幕后英雄，鼓励和奖励他们，我们太容易忽视那些忠实可靠的人了，而他们却是一个企业成功的精英。那些幕后英雄，有以下几个特点：很少旷工，在压力之下仍然工作出色；一直按时完成高质量的工作；愿意在集体需要时再做一次努力；他们默默无闻，为人谦逊，除了出色完成工作外，你根本不知道他在哪儿；当老板不在时照样很好地工作，令人放心；他提供的答案多于提出的问题；他经常改进工作方法，经常帮助别人使之工作得更好，等等。

激励那些幕后英雄的另一种奖励方式，是对他们的工作表现出真诚的兴趣，不仅仅把他们当作雇员，而且视为与你同等的人。听他们讲述自己的希望与担心、喜好与憎恶、欢乐与苦恼，时时准备帮助他们解决问题，在他们产生自我否定心理时，应重新唤起他们的自信心。

警惕那些叫嚷抱怨者，不要纵容他们，不要请求甚

至哀求他们。只是改变自己的行为方式，将时间和注意力花在那些高效率者身上，这样员工便明白了你的意思。不要花时间帮助人们解决那些他们故意造成的困境，告诉他们也要承担起责任。如果你认为某人习惯于无理抱怨，就不要去理会他，别把时间花在耍弄花招者身上，他们时时在想办法无事生非。将你的行为焦点集中于期望和鼓励你所要求的行为上。

树人树己，不独享成果

原文：休复，吉。

释义：以真善美做为自己行为的准则和目标，虽然有时会走弯路，但是，只要能够复归正道，就必然获得吉祥。

释例：人们通常总是认为，自己的朋友太谦虚了反而不好。这种观点不合现实。事实上，很多人，待人接物总是那样谦虚、随和，决非常人所想的那样。

IMC 公司的总经理每次召开董事会时，总是想方设法把公司的成功归功于副总经理，从不独享成果，尽管取得这些业绩的决定绝大多数都是他作出的。也正是这样，他换来了副总经理更加努力工作和满怀信任的回报。这正是他的处世之道的诀窍。

哈佛认为，这种处世管理的妙方，对于任何人来说，都是可以学到的，并没有那么深奥。任何级别的主管人员都应该充分掌握谦虚待人这一有效的管理手段，这主要是由于：

（1）谦虚待人可以鼓励员工的士气。经常对自己的员工做出的成绩予以充分肯定和恰当的表扬，能鼓舞士气。特别是及时的当众表扬，效果就更好了。在一次重要的橄榄球比赛结束后，获得最佳四分的球员接受记者采访，当记者问到："你今天为何表现得如此出色?"他回答说："这一切都是全队共同努力，出色配合的结果。"这位球星恰当地使用了表扬这一秘密武器。

（2）要注重对自己员工的对外宣传。自己公司的业务拓展和生意的顺利进行，虽然有主管人员的领导，但在对外宣传时，如能突出自己员工的努力，肯定会收到意想不到的效果。

及时转向，复归正道

原文：频复，厉，无咎。

释义：屡次犯错误却又能屡次改正过错、复归正道，这样虽然有危险，但是最终却不会遇到灾祸。

释例：1960 年，福特二世认为自己羽毛已丰，于是就先后辞去了布里奇、麦克纳马拉等人。由于"福特二世"所表现出来的心胸狭窄，嫉贤妒能，让很多人才不堪忍受而纷纷离去，致使福特公司再一次走到了崩溃的边缘。

然而所幸的是福特二世对自己经营三十五年的福特公司进行了深刻的反省，他认识到了自己的过失，于是在 1980 年 3 月忍痛割爱辞掉福特汽车公司董事会主席的职务，把经营大权，让给福特家庭以外的管理专家菲利普·卡德威尔。他的这一举动，开创了美国企业家把家庭企业大权传给非家族人之先河。这是福特家庭对美国企业发展的又一开创性贡献。

1981 年，福特汽车公司又一次迎来了它的兴旺时期。

1982 年，福特二世正式退休。从此，他和他的亲属除了拥有这家公司 40% 的股份外，已不再是这家公司的老板，也不是职员了。

异类空间，独具潜力

原文：中，行，独复。

释义：位居阴爻的正中，独自专一地复归正道。

释例：施振荣认为经营者应以伙伴自居，分工互信效率更高，"产业变动快速，如果大家不能对自己负责，整天看老板脸色才有所行动，将会误导决策，应变也会迟缓。"

我问："您眼中的管理概念是什么?"。"人性，"他说，"我们所面临的挑战，则是如何保有独立思考的空间。因此在组织里面允许非主流开辟一个新的空间，他说不定将来是你的一位贵人，在你碰到困难时，他能够异军突起，这样的组织很重要，IBM 就是这样起来的。IBM 把 PC 机部门扔在佛罗里达的小地方，让其自生自灭，PC 机当时根本不是 IBM 的主流文化。

"为什么台湾的家电都杀不出来，是因为他们不允

许异类文化的存在。尤其现在的软件与硬件的文化又完全不一样。软件是处处充满创造力的东西，我们要激发这个东西，所以在管理上一定要有合乎人性的设计。"

施振荣说不应把管理视为一种控制手段，而应视作能创造出一种激发人的创造力的环境。他认为：一个人只有当被人尊重、被授权的时候，就会将潜力发挥出来。潜力意味着创造力，"其实很简单，我们要让我们的公司保持一个有创造活力的梯队。"

刚愎自用，违背君道

原文： 迷复，凶，有灾眚。用行师，终有大败；以其国，君凶。至于十年不克征。

释义： 犯了错误，仍然执迷不悟，不知悔改复归正道，这样必然凶险，会有天灾人祸不断降临发生。在这种情况下，用兵作战，终将一败涂地；用于治国，国君遭受凶险。这样的状况会一直持续下去，长达十年之久，国家不能振兴。

释例： 亨利·福特，1863 年生于美国密执安州迪尔本的一个农场主家庭。1891 年，亨利·福特进入爱迪生电灯公司（当前通用电气公司的前身）当工程师。大发明家爱迪生的业绩深深地激励着他不断地奋发向上。

福特历尽磨难，几经沉浮，而他创造的业绩是令人惊奇的。1898年，亨利·福特离开爱迪生电灯公司，在底特津兴办了底特律汽车公司，公司仅成立一年，因与合伙人产生分歧而告失败。后来，福特在朋友的资助下，再一次兴办了福特汽车公司。这一次他终于成功了。为了能降低汽车的生产成本和销售价格，他对福特汽车不断地进行改进。到了1914年，福特汽车的年生产量超过了23万辆，价格从最初的850美元，逐渐下降到350美元。

福特的成功在于他实行了标准化生产，进行流水线作业，工人不需要很高的技术，只要稍加训练便可胜任，因此工人的工资很低，甚至使用童工，从而大大降低了成本，获得更多的利润。

重视人才也是福特成功的一个重要因素，他任用了一个叫詹姆斯·库茨恩的人做总经理。此人很有管理才能。他上任后采取了三项重大战略措施：一是进行市场调查。根据对社会消费水平的调查，制定汽车售价。二是开创了世界上第一条汽车装配流水线。使装配工作简

单化，降低了成本，提高了工作效率。三是建立一个完善的销售网。目前全世界有 7000 家商行从事福特汽车的销售。

福特公司虽然取得巨大的成功，然而福特却变得专横跋扈、独断专行，听不得不同意见了，这样就使得许多人才纷纷离他而去。1915 午，连库茨恩对老福特也产生了反感，于是恋恋不舍地离开了由他经营了 10 年的福特公司，福特公司最后终因福特的刚愎自用而陷入了困境。

不妄动妄求，行事吉祥

原文：无妄。往吉。

释义：只要是不妄动妄求的话，那么，前去行事就一定会获得吉祥。

释例：能逮耗子就是好猫，因此我们看重的是逮耗子的成果，至于是用何种方式逮到的，猫儿应有一定的自由选择的权利。另外耗子是满地跑的，猫儿也要活泼无所拘束，如果把猫拿绳子拴起来或圈在笼子里，是注定逮不着耗子的。

在现实生活中，领导者并不总是处在作出困难决定的最恰当的地位。当他们作出决定时，必须充分依赖员工提供的信息和建议。因此更为合理的是应该尊重员工，让员工作出某些决定，让员工承担一些责任。

当然，作为领导者，在尊重员工的同时也应划清界线，因为有些决定是无法作出的。比如只应允许他们作出一些在他们责任范围内的事情具有影响的决定，而不能作出那些影响其它部门的决定。他们可以在公司的经费计划内决定如何最大限度地安排自己的工作，如何进行培训等，但他们无权决定公司的某些制度与办公设备应如何处置等。

尊重员工，也是对员工的一种挑战，他们必须对自己的决定负责。提供建议与作出决定两者是有差别的，有些情况下，你也许只须向员工提供有关的资料和信息，然后由他们作出最终的决定。如果你将自己视为向员工提供帮助，这是十分正确的。当员工碰到困难时，向他们提出建议和解决办法是可以的，它们是否会被接受则完全取决于他们自己。如果你的建议带有强制性，这一决定似乎就是你做出的了，只不过你巧妙地转移了自己的责任。因此不要鼓励员工碰到事情就找你，否则

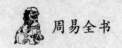

你将背上过重的提出建议、作出决定的重负，而成为一种过时的"万能"领导者。当员工带着问题走到你身边时，不要一开口就做出决定，因为有时只有员工才能做出决定，尤其是那些在他们范围之内的决定。

竞争激励改进

原文： 不耕获，不菑畲，则利有攸往。

释义： 不在刚开始耕作时就期望立刻获得丰收，不在荒地刚开垦一年时就期望它立即变成良田，能够这样，才不是妄动妄求，因而利于前去行事。

释例： 竞争激励改进。然而，任何竞争都应该有规则，遵循道德、法律和伦理。如果是内部竞争，还要遵循公司内部的政策。

优秀经理鼓励竞争，鼓励他的班子在每一回合中都获胜利，成为公司的尖子。他鼓励公开竞争，憎恶背后的"政治"竞争。如果他负责晚班，他会激励他的班头提高产量，超过早班与中班，并鼓励他们提高质量水平。如果他是某地区的销售部经理，他会鼓动自己的班子在销售水平上超过其它地区。

"优秀经理还鼓励大家自我竞争，例如超过上个月的生产记录，或者超过上月的收入数字。

优秀经理也鼓励个人之间的竞争，比方说在服务领域争当本月的"最佳雇员"。即便如此，他将保证公平竞争，保证每一个人有均等的机会参与竞争。

在不同的层次上，优秀经理鼓励部下参与竞争，力求晋升到其它部门，获得业务发展的机会，或取得业务培训课程的最高分。他知道，为了使他的公司能在充满严酷竞争的现实中继续存在，需要在全体员工中鼓励一种竞争精神。

停下你贸然行动的步伐

原文：有厉，利已。

释义：不顾一切地贸然前进就会有危险的情况发生，这时只有暂时停下来不勉强前进才会有利。

释例：创业初期的用人过程中，要着重把握十六字方针，这就是：用当其时、用当其位、用当其长、用当其愿。怎样来理解这十六字方针呢？请看下面的分析：

第一，用当其时。指用人应当抓住时机。每一个

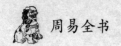

人，特别是各类人才，都会有自己一生的辉煌时期。这一辉煌时期是用人者和人才共同造就的，也就是说，人才之所以能发出光彩，与管理者对他的起用是分不开的。所谓用当其时，其实是指怎样捕捉人才的起用时机。一般说来，管理者要起用某一人才时，应注意把握两个基本条件：

（1）起用的时期，就是该人才一生中才华最横溢、精力最充沛的时期，因而也正是能够最充分地使用人才的时期，这样，该人才就可能为本组织系统做出巨大的贡献。

（2）起用的时机，应是最能激励人才成长、进步的时期，只有在人才把自己的成长与组织的前途紧密联系起来的时候，才能使人才的创造性得到最大程度的发挥。在这样的时候，就应该大胆地、及时地把人才提拔到重要的岗位上去。

第二，用当其位。指要想合理使用人才，就必须将人才放在最能充分施展其才华的位置上。有多大的力，挑多重的担。这是古人反复阐述的用人之道。现在，我们有了更为系统的理论指导，管理学、人才学并驾齐驱，使得我们对用当其位有更深刻的理解。在这里，用当其位，是指人才的能级能质与岗位的能级能质相适应。在个人素质与群体素质相吻合、人才的成才轨迹与成才目标相一致的基础上，把好钢用到刀刃上，为各类人才筑起他事业扬帆远行的码头。

第三，用当其长。是指在使用人才时，要扬长避短。"金无足赤，人无完人"，每一个人才都有其长处和短处。

第四，用当其愿。指在条件许可的情况下，尽可能考虑被使用对象的兴趣、爱好和个人志愿，来合理安排他的工作。这样处理比违背他的意愿，单纯靠运用行政强迫他去从事某项工作，会获得更好的人才效益和社会效益。这要求我们充分尊重每个人的选择权，并且热情鼓励大家勇于"自荐"，在使用过程要授以职权，用人不疑；尽量满足人才在成才和目标选择方面的正当要求，努力为他提供必要的工作条件、物质条件和心理条件，推动他进入最佳心理状况，尽快成才。

度身而造，规避冒进

原文：舆说辐。

释义：车子脱去轮辐自动停下来不再前进。

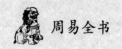

释例：休莱特认为："知识就是财富"；知识是企业的无形财富，人才是企业无法估量的资本。人才加上知识就等于资本加上了财富。

休莱特敏锐地感觉到，当今的时代是信息时代。电子仪器公司不同于传统工业，是应用科学技术最新最多的工业部门。这样的企业对知识的要求，远远超过其它企业。只有占据人才优势，才能在激烈竞争中处于积极主动的地位；只有通过人才竞争，知识才能得以发挥，才能产生效益。用惠普公司经理的话说，就是："本公司发展的主要经验，是寻求最好人选。"

为了获得人才，休莱特相当重视员工的培训，惠普公司每年都要举办上千个各种学习班，经常选派工程师到高等院校去学习、深造，鼓励青年技术人员参加各种半脱产学习，公司为他们支付学费，报销路费，甚至在住宿方面都给予相应的补贴；公司开展全员培训。

惠普公司还十分重视吸收人才。公司的大部分员工都是工程技术人员，然而他们每年都派出一批知人善任、有管理经验的技术管理干部到有名的高等学府，去了解应届优秀毕业生，再由公司拿出费用，请他们到公司来，当面考评，招聘优秀学生。

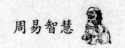

薄技在身，利于行事

原文： 良马逐，利艰贞；曰闲舆卫。利有攸往。

释义： 骏马奔驰如同风驰电掣一般，但是，贸然前进有陷入危险的可能，所以应当警惕前进道路上的各种艰难，同时又应当坚守正道，这样才会安然无恙。只有娴熟地掌握了驾车和防卫的本领，才能利于前去行事。

释例： IBM 公司为了提高公司的服务水平，管理人员总是想方设法与顾客靠拢，听取他们的意见，以赢得顾客的信任和好感；凡客户或职工对产品提出的重大意见或建议均由总裁亲自处理；客户对产品哪些使用方面不懂，技术人员或工程师就会及时赶来，甚至因之而专程出国修理。

所以 IBM 公司的售后服务被公认为是尽善尽美的，不愧有"服务第一"的称号。公司对职工的考核与奖励也视顾客的建议来实施的。推销员每月都会聚集在一起讨论某些客户对产品所持的态度及他们提出的改进措施。

为调动推销人员的积极性，IBM 公司开设有游戏

场、俱乐部、图书馆等。凡完成公司下达的推销任务的推销员均进入该俱乐部，使他们有一种荣誉感。

作为经营文化，IBM 公司制订了职业保障政策，为了给每个职工都提供一个稳定而良好的环境，公司建立了比较完善的福利制度，如免费在职教育、廉价优质的伙食、各种娱乐设施，图书馆全天开放等。

以"尊重个人、服务、完全主义"三信条为代表的 IBM 经营哲理，充分激励了职工的工作热忱，使他们对自己能为 IBM 公司服务而感到光荣，给公司带来了很高荣誉，创造了很高的利益，在竞争中立足于不败之地，成为当今世界上名列前茅的企业。

广开言路，引招贤士

原文：何天之衢，亨。

释义：四通八达，多么畅通无阻的天街大道，必然亨通顺利。

新认识的人惟有不断经过磨练，才可能成熟起来。

释例：我们尽量找年轻的人去做事，而老一辈去做规则，不能不让年轻人做事，你要让他们自由发挥，不能我叫你做什么，你就做什么，给他一个环境，鼓励他去创造。但是你要在后面看着，万一事态严重了，你要及时提醒他们。

让年轻人做事就要容忍他们身上的毛病，犯了错误他们会自动改正。如果不是故意犯错的话，我们不会故意惩罚他，因为他自己心里已经很难过了，你就不要再刺激他。

你跟年轻人讲老一代人的经验，年轻人有时不会相信。他们有时就像小孩子喜欢玩火，你怎么讲，他还想玩，只有被烫着后他才不会再去玩。因此我对待我的经理时，尽量把过去的经验告诉他，可是过去的经验也未必对他绝对有用。因为环境完全改变了，你只给他一个参考而已，不是一定要照我的话去做。

每个人都有他的优点和缺点，你要学人家的优点，不要学人家的缺点，也不要批评人家的缺点，要去发现人家的优点。

想全局，抓大事

原文：舍尔灵龟，观我朵颐，凶。

释义：舍弃你如同神龟般的聪明智慧，痴呆地看着

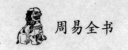
我鼓动腮帮子进食，结果必然导致凶险。

释例：古往今来，许多出色的人都是大权独揽，小权分散。用一句通俗的话说就是："该管的管，不该管的就让别人去管。"

商人在经商的过程中也应如此。若是事无巨细，大包大揽，不仅使自己疲于奔命，而且也不会收到好的效果。诸葛亮为报答刘备的知遇之恩，完成先帝的托孤之重任，"寝不安席，食不甘味"，"政事无巨细，咸决于亮"，终于积劳成疾，过早谢世。可见，领导者，把任何事情都包在自己身上，不仅终日忙碌不堪，还会严重挫伤下属的工作热情："我们既然都是些无用之辈，就由他一个人干好了。"部下在这种思想指导下，就会消极被动地去工作，有些事本来能做好，也可能因没有积极性与主动性而办得很糟。忙忙碌碌地眉毛胡子一把抓，到头来很可能是"拾了芝麻，丢了西瓜"。只有善于使用分权术的领导，才能腾出时间和精力去想全局、抓大事，才能创造出最佳的业绩。当然，如何授权也是很有讲究的。要根据部下的品德和才能授权，不要全给部下一些鸡毛蒜皮的小权；要明确所授权限的范围，不要把授权当做推卸责任的"挡箭牌"；要定事定时授权，

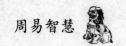

不可越级授权等。

这一谋略不仅所有领导者必须掌握并运用好，也是所有从事商业经营的人必须从中悟出的经验，否则你将会从中失利。

常变常新，行不失类

原文： 颠颐，拂经，于丘颐，证凶。

释义： 反过来向下属乞求食物以获取奉养，是违背常理的，向高丘处的乞食，则前进的途中必然遭遇凶险。

释例： 一家公司就好比是一台电子计算机，老板就是这台计算机的中央处理器，公司的员工就好像是各种零部件。老板负责指挥、控制计算机的整体工作，负责分配、调度公司职员。但是，要想让这台计算机能够准确、高效率地正常运转，只靠中央处理器——老板是远远不够的，它需要各个零部件都能按照自己的程序良好地工作，充分发挥其功能。

有的老板常跟人诉苦："现在公司里的职员真让人费心！工作一点儿主动性都没有，你必须要不断地提醒

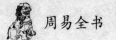

他该做这个，不该做那个！天明到天黑，像穿梭似的，真累死人了！"这个老板的遭遇实在令人同情，可这都怪公司职员吗？主要问题恐怕还是出在老板的工作方法上。

假设在若干年以前，你在职员中开展一场工作竞赛，事先定好：工作成绩突出、生产的产品数量多的前十名员工可以被评为模范人物。那么员工们肯定会加班加点、争先恐后地去工作。根本不用别人的监督，他们的工作会做得精益求精、锦上添花。

但现在使用同样的办法，在员工中恐怕不会有什么热烈的反响了。这是因为人的思想观念退化了吗？

聚敛财富，用之与民

原文： 由颐，厉，吉；利涉大川。

释义： 天下百姓都依靠他的养育而得以安居乐业；肩负如此重任，必须谨防危险，有所戒惧才能获得吉祥，这样也才能排除万难，就像顺利涉过大河一样。

释例： 托马斯·麦隆，生于苏格兰的农民家庭，5岁的时候随父亲到阿勒格尼附近的一个贫穷的村庄上居住。本来他应该当农民的，然而，这个时候，他开始非常用功地读书。大学毕业后，开设了一个律师事务所。他立志要当一名法官，以彻底改变自己的命运年轻的麦隆，对未来充满信心。20岁时，他娶了一个漂亮美丽的妻子，他们婚后生活幸福美满，共养育了8个孩子。托马斯·麦隆投入了很大的精力和财力教育他的儿子，让他们到匹兹堡开设银行，办理对建设者的融资，借以巩固他们最初的基础，他教导儿子们效仿宾夕法尼亚铁路的斯考特。

托马斯·麦隆曾在给他儿子的信中这样说："这场战争结束以后，虽然一块钱还是一块钱，但现在的时机不可错过，能赚多少钱就尽量赚多少钱。"

后来在美国8大财阀排行榜中，他的3个儿子都榜上有名。如果把他们三兄弟的财产集中起来，麦隆财阀是首屈一指的。这个时候的托马斯，在律师事务所内，还亲自办理诉讼，也已经进入了富人的行列。

以麦隆国际信托银行为顶点的麦隆财阀，形成金字塔型的财阀网。它的形成与日本的三井、三菱的形成十分相似。基本结构和基础都极为牢固。

麦隆银行掌握着匹兹堡所有银行存款的52%，受麦

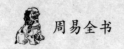
隆银行的影响，美国的制铝业、德克萨斯州的石油业，乃至泛美航空业都有长足的发展。

1920 年，外界纳人麦隆家族所属企业的股份红利就达 680 万美元，1928 年增加到了 2470 万美元，麦隆家族的财产总额，高达 4.28 亿美元，而到了胡佛任总统的时候，他们的财产竟升至 95.2 亿美元之多。

与麦隆家族的同一时期还有一位美国大财阀，他就是赫赫有名的"钢铁大王"卡内基。这个世界第一钢铁巨人，是从创办一家铁桥建设公司发迹的。他凭借着不懈的追求，终于聚敛了巨额财富。

卡内基建造的第一座桥是斯托本维尔横跨俄亥俄河的铁桥。这项工程是在卡内基努力说服了对方公司的董事长把建设木桥的计划改变为建设铁桥，方才将这份订单拿到手的。

卡内基曾当过电报信差，他亲眼目睹过俄亥俄河的泛滥洪水，现在他怀着自豪和兴奋的心情，要在这条宽阔的河上建造一座 90 米长的铁桥，他对那时的情景一直保存着深刻的记忆，时常向家人讲述着那段经历。

经过辛勤的劳动，一座跨度为 90 米的铁路桥成功地架在了俄亥俄河上。面对如此顺利的成功，宾夕法尼亚铁路的董事长汤姆逊以太太的名义入股，成了铁桥公司的大股东。从此铁桥建设公司易名为"拱心石"桥梁公司。

卡内基，也得到了赚大钱的机会。工程订单，应接不暇。卡内基感慨地说："在似梦非梦中赚取钱财的人是最为幸福的。"

事必躬亲，栋桡之凶

原文： 栋桡，凶。

释义： 房屋的栋梁受重压而弯曲，结果必然发生凶险。

释例： 许多主管被提升到他们的职位，是因为他们作为一名普通员工的时候十分精明强干。许多人是他们所在部门中最能干的人。他们经验丰富，十分可靠，十分精明，他们知道如何又快又好地完成工作。

但是这些主管却常常遇到一个问题，即不知道如何把责任下达给部门中的其它人。他们感到其它员工都不如自己能干，他们想把每项任务都安排给最合适的人选。

当然，他们是周围人群中最能干的人，所以结果就是他们事必躬亲，即使在他们把工作交给别人去做的时候也要亲自监督工作的进行。如果他们不喜欢正在做的事情，就会接手过来自己做。他们做所有的决策，因为他们不相信任何人的判断力，他们喜欢大包大揽。

这些主管工作的时间很长。他们手头的任务已超过了他们可以应付的数量。他们很难有一段好的时间来完成工作，因为下属总是要打断他们，请示这事或者那事。

过了一段时间，他们会大失所望，因为除了他们自己没有别人愿意承担责任。他们案头堆积的未处理的文件像山一样高。他们的孩子想知道那个每天深夜拖着沉重的脚步进家、面目不清的熟悉的陌生人是谁？

尽管他们工作得非常卖力，但却未能得到高级管理层的赞赏，因为他们还没有学到一条基本的管理法则：放权。

聪明的主管把任务和责任分派给他人，而且从一开始就完全知道，结果不会像他们亲自去做的那么好。

当然，他们要检查工作结果，这是主管应做的事情，然后他们告诉手下如何做才能更漂亮。

他们培养了能力、树立了信心，同时作为一种副产品，他们能够花费更多的时间在他们的主要职责上，即管理。

合理规划，逐步突破

原文：枯杨生华，老妇得其士夫，无咎无誉。

释义：已经枯萎的杨树重新又盛开鲜艳的花朵，已经衰老的妇人嫁给了年富力强的男人，这种现象既不会遇到什么祸害，也没有什么值得称道的。

释例："只有偏执狂才能生存"，这是格鲁夫非常有名的一句格言，也是他写的一本书的名字。

他说："只要涉及企业管理，我就相信偏执万岁。企业繁荣之中孕育着毁灭自身的种子，你越是成功，垂涎三尺的人就越多，他们一块块地窃取你的生意，直至最后一无所有。我认为，作为一名管理者，最重要的职责就是常常提防他人的袭击，并把这种出谋划策的意识传播给手下的工作人员。"

虽然出头鸟必有遭枪打的危险，但葛鲁夫也绝不想充当追随者，因为他认为追随者没有前途："在雾

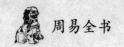

中驾驶时，跟着前面的车的尾灯灯光行路会容易很多。'尾灯'战略的危险在于，一旦赶上并超过了前面的车，就没有尾灯可以导航，失去了找到新方向的信心与能力。"

中肯批评，维系自尊

原文：履错然，敬之，无咎。

释义：在开始行事时，由于急于求成而出现错乱，后来能恭敬慎重且未轻举妄动，结果没有发生什么灾祸。

释例：当你的下级犯错误时，要慎重考虑。不少领导人对此的反应常常是凶狠地训斥甚至责骂犯错误的下属，使他离开你的办公室时很不高兴，甚至心存报复之意。这样并无助于问题的解决。既然错误已经犯了，就只能在如何减少错误的损害程度和避免重犯上下功夫，使错误成为通向成功之路的铺路石。中国伟人毛泽东同志说："工作中难免要犯错误，但错了能改还是好同志。"

所以，经营者应以满腔热情来挽救失误的人，鼓励他用积极的观点去看待错误。像商业机器公司那位董事长一样，经过谅解下级的过失或错误，维护下属自尊心的做法，激励他们的进取行为，使其不致因失误和错误而暗淡无光，垂头叹气，止步不前，从而将错误转化为一种强烈的动力，最大限度地发挥出自己的聪明才智。

作为经营者，要让部属体会到成功的喜悦，多表扬，少批评。

受到表扬的部下，显得十分高兴，他合格地完成了工作任务，心情十分愉快，并且也增强了信心："这样的工作我也能做了。"

在让部下干一件新的工作或需要以更高的能力进行工作时，常常开头是个关键，假如一开始就能很好地完成任务，以后就有信心去进行工作。假如一开始就遇到挫折，以后就很难把工作进行下去，那么，常常会丧失信心。

给予俸禄还是授之高官

原文：黄离，元吉。

释义：附着在黄色上，就可以获得大吉大利。

释例：对员工的奖赏包括在松下的用人经验之列。

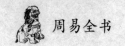

考察了历史上各种奖赏性质与特征，他看到，有时候功劳是和才干相称的，所以提级晋升是应当的；有的则不同，可能发生功劳、才干和职位脱节的毛病。这是在奖赏问题上的两种不同做法，效果当然也就不同。

经营之神松下幸之助汲取了种种经验教训，作出了自己对奖赏的回答。松下本人是松下电器的创始人，功劳自然是巨大的，才干也不凡。但是，在他年事尚不算高的时候，便急流勇退，让给有才干、有精力的年轻人，而不是躺在功劳簿上。他的这种举动，无疑对那些同样对松下电器有功的人员也是一种促动。这样，就可以让那些很有功劳却欠缺才干或精力的人能及早离开岗位，让那些卓有才干、精力充沛的人走上高位。这是企业发展的生命力所在。

松下说：对于有功者在公司的任职，要非常注意不可。一般来说，对有功者应给以"俸禄"，在公司也就是要给予奖金。对有功者以高职回报的做法是错误的，高职应与高能力配合。

如果不是这样，结果是显而易见的。任何一个经营者都不能囿于成见和习惯势力的压迫，而委高职于才能平平的功臣。尽管这样做比较困难，但为了公司的前

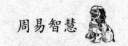

途，非如此不可。

松下信服的日本政治家西乡隆盛的一句格言，也应该成为任何一个经营者的警言："对国家有功者应给以俸禄，但不能因为有功劳而给予职位。该给予职位者，必定是具有与职位相匹配的能力与见识者。若将职位给予有功劳而无识见者，国家必致衰败。"

开诚布公，合理界定

原文：突如其来如，焚如，死如，弃如。

释义：突然间发出万道光芒，犹如燃烧的烈火，但顷刻之间又烟消云散，不复存在，落得个被抛弃的下场。

释例：在一个大的企业中，需要你的英明领导以及全体员工的共同努力。不要因为你是领导就我行我素，目空一切。你要时刻注意到员工的思想波动，注意倾听他们的牢骚，不要忽视任何一个员工。因为一个小蚂蚁可以蛀倒一棵大树，一个小鬼也可以置阎王于死地。同样，一名员工采取什么样的态度和做法也会影响到全公司的工作全局。他甚至可以让你这个老板睡不了安稳

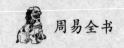

觉，甚至更严重地说——让你下台。真的，一个人的力量尤其是反面力量的作用是无法估算的。

而为了避免这种尴尬的事件发生，你应该怎样做呢？首先：

不要因为下属最近犯了一次错误而抹杀他这几个月来的工作成绩；不要图省事便给下属过高的评价。

给他们一份发展计划，告诉他们下次会谈你将谈哪些方面。调查发现，下属们倾向于过高评价自己的表现，如果上司的评价低于他们的估计，他们就会失望、不满。下属无视上司的信息反馈，坚持高估自己的原因有二：一是反馈信息不够详细具体；二是不愿接受消极的反馈信息。因此，当上司的评价不高时，要及时解释清楚，缓和会谈气氛。这种解释有时也是难以接受的。下属们习惯于把表现不好归咎于客观原因，如工作条件、工具、各种不合理的限制等等。如果双方不能就原因达成一致意见，下属就会拒不接受上司的评价。

研究表明，下属们对评价的反应是他们总以为这次评估和提升、加薪有关系，因而比较拘谨、保守。即使这之间没有什么正式联系，他们也总会这么猜测，对一些消极评价极力辩护，不愿承认错误和缺点，担心它们会影响到自己的发展。上司应当非常明确地声明，这次评价和加薪晋级没有什么关系，以便顺利开展会谈。

另外，文化差异也会影响到会谈的开放性、坦率性。俗话说：见人且说三分话，未可全抛一片心；阿拉伯也有一句俗话："说话前把你的舌头在嘴里翻转七次。"可见保守性的文化传统是非常广泛地存在着的。在中国，要学习西方的管理经验，模仿他们的坦率与开诚布公，需要克服文化上的差距。

心灵感应与情感的沟通

原文：咸其拇。

释义：感应出现在脚的大拇趾。

释例：同人交往感情相投意趣一致会产生心灵感应，其初始阶段就是感情融洽。

日本商人懂得，在企业中人的因素十分重要。所以他们十分重视公司员工的整体形象的塑造，用他们的素质，表现出公司的形象。

为了达到这一目的，日本的很多公司都详细地制定

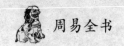

了每一员工必须要做到的行为准则。这些准则，实际上是企业精神最集中、最深刻的体现。在下川浩二的《日本企业发展史》中，他介绍了日本松下电器公司员工的行为准则，现抄录如下：

只有在每个人都能同心协力，互相配合的情况下，我们的公司才能取得进步和发展。所以我们每一个员工在工作的时候要始终牢记我们共同的远大目标。

（1）客观现实：我们的目标是让我们的集体和国家得到很快的发展，在为了这个目标的工作中，所获得的利润才是我们的报酬。

（2）公正合理：如果没有公平合理的原则，任何人都不会得到别人的尊重。智慧是永远也代替不了人与人之间的情感的。只有把智慧和情感统一起来才能够给人以快乐。

（3）团结精神：相互依存是一种美德，个人的力量永远也比不上集体的力量。只有相互信赖，才能存在和发展。

（4）事业成就：自力更生能培育自尊自爱的性格。骄傲自大和满足现状，只能使人停止创造止步不前，渴望成功和为了成功而付出自己的全部所有，才能不断进步。

（5）谦虚谨慎：所有人都应该永远寻找自己的缺点。自高自大者弱，谦虚谨慎者强。真诚的鼓励是通向成功的桥梁。

（6）适应变化：变化是不可避免的。我们要具有强劲的应变能力，如果不具有应变能力，那将是最不幸的。

（7）体贴照顾：一句简单而善意的话语是一种最大的奖赏。体谅别人加深相互间的情感，尊重别人才能得到别人的尊重。独裁永远也代替不了体贴照顾。

日本企业领导者们认为，只有通过全公司上下的团结一致和积极热情的工作，才能使企业兴旺发达，所以他们每个人对自己都严格要求。

中正不偏狭

原文：悔亡。

释义：悔恨自行消除。

释例：中正而没有偏狭，恒久而不急促地处世待人就不会后悔。

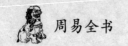

　　管理者的任务在于运用每个人的长处，把每个人的长处作为共同绩效的建筑材料来建成组织的大厦，这几乎是人之常识。试想一下，哪个单位的绩效不是各个成员发挥各自的长处共同做出来的？因此，领导、管理者在用人的时候，要首先把着眼点放在人的长处上，弄清这个人有什么长处，如何用他的长处，然而，许多领导、管理者却首先盯住了人的短处，这个不能让他做，那个不能让他做，甚至思来想去，这个人什么也不能做，成了"废"人。

　　一个领导、管理者如果不能发掘人的长处并设法使长处发挥作用，那么他就只能受人的短处的影响，被短处的阴影所笼罩。从人之短处来用人，那是误人前程，甚至可以说是"虐待"人。至于短处，那是人人都有的，领导、管理者当然也要看到人的短处，也要设法帮助克服，设法不让短处对集体和他人发生影响，避免损害组织的绩效。但必须是在发挥长处的前提下来克服短处，不得本末倒置。事实证明，人的长处得到发挥了，他也就乐于接受批评，克服短处。

　　这样，在择人、用人时就要十分重视有特长的人，特长越突出，越能做出贡献。一个人只能在一个领域、至多在两三个领域成为卓越者。所谓多才多艺只是相对而言，实则仍是在少数方面才艺高超。体操比赛中，"全能冠军"，实际不是样样都强，有强项也有弱项。历史伟人和在历史上多少留下"痕迹"的人，无一不是有特长的人。大家很熟悉的大诗人歌德，他对光学和哲学也很有研究。

守住本土，海外拓展

原文：振恒，凶。

释义：摇摆不定，不能坚守常久之道，结果必然凶险。

待人处世要有耐心，不能半途而废。

释例：韩国的三星电子在亚洲金融危机中遭受了沉重的打击，但是最近他们的经营状况已经有了相当的改善。这很大程度上得益于从1996年以来他们在人力资本上的巨大投资。从1996年开始，三星电子不再满足于一个廉价商品供应商的市场形象，他们致力于建立自己的具有国际竞争力的市场品牌。而要建立国际性的品牌，就要了解世界各地的市场。为此三星电子每年选派

300 人去欧洲、北美和亚洲的主要市场工作和学习，目的就是要融入当地的社会，真正了解当地人的想法、偏好，让自己的产品能够满足世界的需要。亚洲金融危机使得这一计划中断了一年，但现在一旦企业的财务状况有了好转，他们又重新开始了自己雄心勃勃的计划。

目前，他们已经不满足于单纯地派出人员，还从世界各地的分公司选派本地雇员到韩国培训，目的是要深入理解世界市场。同时，他们又花巨资雇佣了很多在北美和欧洲取得 MBA 学位并且有工作经验的韩国人，希望借助他们对东西方文化差异的理解帮助三星电子打开欧美市场。

把财富命运掌握在自己手上

原文：天行健，君子以自强不息。

释义：天道运行周而复始，永无止息，谁也不能阻挡，君子应效法天道，自立自强，不停地奋斗下去。

释例：乾卦不是架空的讲天，而是以人为本，以人为主体，所以卦名不直接称为"天"，而称为"乾"。古代先民已经从日影移动中意识到"天行健"，"大哉乾元，万物资始"。"乾"就是"健"的意思。公司的经营者要充分遵循"自强不息"的精神，积极制定公司战略，以求进取。

静炼内功，等待时机

潜龙勿用。

公司在发展初期，不宜盲目拓展市场，要耐心积蓄力量，等待时机。

妄动和急躁，为经营之大忌。"静"是针对"动"而言的。在商战中，双方力量的表现形态无非是"动"、"静"两种。

静，表现了经营者思想上的一种远见卓识："事虽利而势难行，近稍遂而终必失，则不可动"。静，是慎重决策的表现。商场复杂，"识未究底，谋未尽节"，不应当轻率行事。静，是对经营者意志、耐性的检验。当形势需要我"静"时，正是竞争对手盼望或诱使我"动"之际。

近年来，国内易学的书很盛行，多种易学的理论纷纷在社会传播。为何工商社会中，还会流行这种古老的东西呢？主要原因可能是现代人在忙碌生活中，需要以"静"来稳定自己。美国哈佛商学院，曾有文章探讨易

学对日本公司经营的影响。日本公司中也设有"参易会"等组织，其目的是希望借《周易》的精神使员工不"妄动躁动"。

不鸣则已，一鸣惊人

见龙在田，利见大人。

公司要以求稳为先，再逐步拓展市场，并积极谋求与大公司合作。

经商和用兵一样，都要谨慎。不仅新手要谨慎，老手也要谨慎；选择市场要谨慎，开发新产品更要谨慎。

营销学教科书上告诉我们：产品的生命周期有诞生期、成长期、成熟期、衰弱期、放弃期。但是，如果产品在诞生期就"夭折"了，产品的生命也就终止了。新产品推出时，不能抱着"试一试"的态度，而要"出必裕计，慎以行师"，才能在营销上奠定"桥头堡"。

新产品推入市场是要冒风险的，据美国一项研究指出，新产品的夭折率竟高达百分之八十。国内公司所推出的新产品，也常在短期就销声匿迹。有些新产品并不是不好，甚至有顾客在新产品已停止生产后，还到处打听哪儿可以买到这种产品。这种好产品失败的原因，主要是营销不当。为了使新产品能销售成功，经营者就得谨慎地选择新产品，并事先做好完善的市场调查工作，由调查结果订正产品设计、制造与行销工作。新开餐厅的人，常吸取民间流行的经验，认为餐厅能否开下去，要看三个月后的效益，因为那时才能知道餐厅可否"长线"经营下去。新产品的发展若能注意到"长线"经营，不以试销时的好与坏作为惟一

取决标准，那么，这个产品才会稳定地进入市场。

不飞则已，一飞冲天

飞龙在天，利见大人。

经历无数的磨炼，公司经营已渐成熟后，经营者该适当采取进攻型市场战略，全面抢占市场。

可口可乐公司销售的饮料，约占全球所有汽水消费量的74%。该公司根据自己"全球第一饮料"的实力，采取的正是攻势经营的战略形式——不惜一切占领世界市场。

针对各地不同的需求，可口可乐公司对产品有不同的定位。在西班牙，它主要作为一种混合物，甚至可以掺酒饮用。在意大利，它以餐桌上的主要饮料出现，正在取代牛奶、咖啡。在中国，它是一种饮料，为越来越多的青年人青睐。在印度尼西亚，可口可乐公司所做的

第一件事，就是让印度尼西亚人习惯碳酸饮料的味觉。杀气腾腾的攻势战略，确保了可口可乐公司全球饮料第一把交椅的位置。

商场上，产品与产品竞争，营销人员与营销人员竞争，争彼此的实力，争消费者的心，争占市场领地，但最重要的还是要自己与自己争——培养公司自身的凝聚力，增强自身的经济实力，使自身不断进步，不断巩固，不断提高。

战略转移，灵活多变

亢龙有悔。

当公司所处市场已饱和或竞争者实力过大时，经营者应及时考虑战略转移，力图开辟新市场。

改变骄傲暴躁的情绪，可以运用转化之法，不但要善于灵活地变更部署，还要注意转化人的心理状态，把困难和危险加于敌人，将容易和顺利归于己方，这就达到了运用转化之法的最高境界——转。转即转变，转化。兵法中的"转"，首先是敌我力量的转化。

商场的"转"，首先是市场占领优劣态势的转化。"转"的原则是：在总体的市场优势中争取局部的优势；通过广告宣传，争取到消费者的了解；根据我的长处、特点与竞争对手的短处、弱点，选择正确的方案，进行科学编组，争取获得以我之一个创新产品，击退十个同类产品的成效。

守住市场，虽然比较简单，但要攻人市场则要费一番心机。推销渠道是整体化的，或许有"新手"会认为："我的产品并不比他差，为何他的市场比我大呢？"这里除了产品品质的原由外，还有一个推销谋略的妙用、市场转机的把握的关键。

战争是力量的竞赛，商战则是经济实力和经济谋略的竞赛。争取市场上的对抗态势有利于向我方转化，必须善于进行辩证思维。市场上的优与劣、强与弱、多与少，都不是永恒不变的，关键在于经营者善于运用谋略，巧妙转化。

大商道是一种涵养功夫

原文：《象》曰：地势坤，君子以厚德载物。

释义：《象辞》说：坤象征大地，君子应效法大地，胸怀宽广，包容万物。

释例：坤字是土、申组合，申是指物体都已经长成

的意思，象征土、石、山川已经形成，也就是大地形成了。坤卦的意思是藏的意思，能载物、藏物，万物归于地，然后又藏于地，万物是宝，地是宝的大仓库，所以"地势坤，君子以厚德载物"。故而对于经商来说，公司经营总体目标是不断进取，但经营战略要能屈能伸，进攻与防守相结合。

留有余地的决策

履霜，坚冰至。

市场风云变幻莫测，作为经营者在制定公司决策时，既要有必胜的信念，也要做好失败的准备。

留有余地，就是在实现自己的计划过程中，要想到许多随机因素和意外的情况。

十全的决策，只能准备收到五成的效果，另外五成，要靠在作战实践中克服情况的不确定因素，修改原来的决策，使之趋于圆满。所以决策要有"半"的思想。

"半"的含义，就是不可轻敌，运用在公司经营上则是要把对手视为强敌，甚至应该"以对手为师"。运动比赛的优胜队伍在训练时，经常都是把"假想敌"当作是劲敌，等到比赛时遇到真正高手，才可"步步拆招"。同样，在进行公司谋略时，若能采用"高标准"的规则，遇到强劲对手时，才能有拼战的"本钱"。成功的因素一份在我，一份在敌，一份则靠运气，能将此三者合于一，则公司在商场竞争中稳操胜算。

2、依顺中寻找机会

直方大，不习无不利。

公司经营要顺应市场规律，采取正当竞争手段。

"顺"是指依顺敌人本来的意图，因势利导，引诱敌人出错。这是一种"顺以致瑕"的兵法计谋。

"顺"字的核心是顺敌心理、顺敌思维制订路线，而不是单纯的顺敌行动。在商场竞争中，"顺"的妙用也是大有益处的。例如竞争对手推出了一种新产品，此时只能冷静观察其销货趋势、消费者反应，再则认真研究此产品的优缺点，顺其产品销售势头悄悄地向市场推出一种扬其长、避其短的同类产品。此种产品必须具备两大特点：一是顺应了对方新产品的优点；二是顺应了消费者对此类产品的新的需求。

承担责任，不踢皮球

含章可贞，或从王事，无成，有终。

经营者在平时不可飞扬跋扈，过分张扬往往被别人

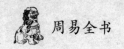

抓住把柄，招致内部分裂，惟有谨言慎行才是高明的领导艺术。

布朗认为："经营者若想发挥经营效能，个人应当勇于承担责任。"杜鲁门任美国总统之后，在自己的办公室挂了一条醒目的条幅："踢皮球到此为止。"每位经理都应效法杜鲁门总统的格言。

如果你对本单位的工作成绩效率不满意，切勿怪罪职工，若有错误，一定是你自己造成的；如果你对利润不满意，切勿怪罪通货膨胀，请严谨检讨你的经营方式。有能力的经理必定敢于承担个人责任，因为职工只能服从自己敬重的人，尤其是勇于承担个人责任的经理。

布朗还有一句箴言是："切勿试图操纵职工"，他说："身为经理，固然应设法提高职工的积极的工作热情，但采用的方法必须审慎。"

好的方法是以维护职工的自尊来提高生产力，拙劣的方法是促使职工觉得是受操纵，这会产生不利的影响。

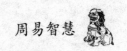

不惧怕艰难的开端

原文:《象》曰:求而往,明也。

释义:《象辞》说,坚定不移地去追求,是明智之举。

释例:屯的意思为开始、始生,春雷动而万物始生,百草开始发芽。在公司的创业期,经营者要培养人才,精选优秀人才,凝聚团队力量。

1、使用比自己更能干的人

乘马班如,求婚媾;往吉,无不利。

公司在创业初期,要广泛招纳贤才,增强实力。

现代商业上要善于选择能力强的人才。美国已故钢铁巨头卡耐基非常注意组建一个强的经营管理班子,他死后的墓志铭是:"这里躺着的是一个善于使用比自己更能干的人来为他服务的人。"

选择人才必须任人唯贤,以德才为择人的标准,而不能任人唯亲,或者论资排辈。日本石桥轮胎公司的石桥正二郎深刻体会到这一点,所以,他并没有让自己的儿子担负公司重任,而是选择了一位更有才华的外

人——柴木季理，执掌了公司的经营实权。

知名公司的人才库都吸纳了成千上万各类人才，且来自世界各国。阿尔卡泰尔公司的人才库掌握着4000人，其中包括公司领导人、潜在的接班人。在当事人同意的情况下，还可掌握其它方面的材料，如履历、在公司中的职位、个人发展计划、业绩总结。

一般人才库的资料不是简单的综合储存，而是要对每个人进行评估分析，对经营人员更要进行虚拟环境下能否承受压力和如何应答各类问题的测试。如法国液化气公司，每隔一年半就要对其"战略职位"进行综合考察，并会排列出6人作为接班人。埃索公司在两万名职工中确定了大约200个关键职位，一一做了安排。实践证明，这种提前准备的做法是很有道理的，因为根据人员流动原则，领导干部每4年到5年就要更换岗位。

公司人才库瞄准的人才，特别是经营人才要比他人更要业务好、能力强、有丰富的经验。通用公司欧洲人力资源部负责人迈克·汉利说："今天，公司的价值取决于它的人才，我们的优势在于很早就明白了这一点。"在全球化经济中，公司领导干部的素质是至关重要的。要想成为各大公司地区性的公司领导人、贸易部门的负责人，仅有专业才能是不够的，还要突出自己丰富的经验和人格魅力。

困境中镇定冷静

屯其膏，不贞吉，大贞凶。

经营陷入困境，经营者先要意志坚定，有冲破困难的必胜信念。

将领靠的是顽强的意志，部队靠的是高昂的士气。人的情绪容易波动因而难以控制，要想使下面情绪稳定全在于将领镇定的素质。能镇定，惊恐可以安定，有叵测之心的人不敢另有所图，这样，敌百万之众都可以消灭。意志坚定并且始终坚持自己的决心，士气奋发而勇气倍增，行动没有不成功的。

"镇"，即镇定——面临危机而心绪不乱。"镇"字揭示了将帅的思想修养与用兵取胜的关系。

"卒然临之而不惊，无故加之而不怒"，方显出英雄本色。

"泰山崩于前而色不变，麋鹿兴于左而目不瞬"，才可称大将风度。

克劳塞维茨认为，军事天才的头脑是各种精神力量的结合。

统帅大军的将领"镇"得住部队，则部队能有作战的威力。同样的，公司经营者若能"镇"得住公司的员工，公司同样也可发挥蓬勃的力量。公司经营者要"镇"住公司的员工，除靠本人的威望外，也应靠合理的制度。军队有严格的军法，公司虽有各种规定，但要使员工做到如士兵般"效死"是很困难的。日本公司虽有"死忠"的精神，但最多只是团队精神坚强而已。公司经营者若光要求部属"你该如何如何"，甚或老是以辱骂方式管人，结果是不见得服人，员工还可能跳槽使公司失去凝聚力。

3、不积小钱，不成大富

即主鹿无虞，惟入于林中，君子几，不如舍，往吝。

——公司初尝成功后，经营者要保持冷静的头脑，切莫因小失大。

公司经营的目的就是获取利润，无论经营什么，如何经营，都要有利可图。这里面也有小利与大利，眼前利益与长远利益的区别。为了获取更大的利益，有时不得不暂时放下眼前的利润。那种"唯利是图"，"急功近利"总是不可取的。在某些人的眼里，小钱与大款是沾不上边的。正如有人说："大款还在乎区区小钱？"然而，许多华侨大款就珍惜小钱。

1950年，李嘉诚开办了一家小塑料厂。几名工人惨淡经营了几年，既未亏损，也没赚多少钱。到了50年代后期，李嘉减看好儿童玩具和家庭用品有销路，于是抓住机遇，主要生产玩具和家庭用品，使名不见经传的塑料厂在几十年的拼搏之中，不仅在艰险的商海中得到了锻炼，而且给自己奠定了坚实的经济基础。

很多华侨在选择生意时，一般选择和生活相关的买卖。因此，华侨赢得了"美食大王"美称。

泰国首都曼谷有一个大米店的华人老板，有一次，他大骂店员，"你看地上，竟把这样贵重的东西掉在了地上！"而店员四处寻找，什么也没看到。

这位老板坚持让店员蹲下来仔细找一遍，他这时才看清楚，原来掉在地上的是一粒米。

有"亚洲的洛克菲勒"之称的林绍良，曾经是以经营花生油起家的。正是这无足轻重的小生意，使林绍良积累了丰富的经商经验。

要想成大事，就要从小事做起，同样的，不积小钱，不会成大富。华侨们正是以踏实肯干的精神，从基

础做起，一点一滴地积累资金及经商经验，为他们以后的成功铺平了道路。

4、好的建议是种资源

乘马班如，泣血涟如。

公司运作过程中，经营者要注意采纳下属的好建议。

罗丝玛莉·安德林是一家大型公司的办公室监工，她希望公司能购买一批最新型的文字处理机，以更换现在秘书们正在使用的普通打字机。

这种文字处理机具有"迷你电脑"装置，它可以储存输入资料，待稍后再输出；可以自动处理空格，可以利用重打来更正错误；也可以在已经打好的标准信函中插入一段特别文字；原稿一经定稿，打字机就会自动印出所要的张数。

于是，她写了有关这种文字处理机的各种优点及细节，说明更换设备不仅可使打字员和秘书不用再为改错而反复重打，而且还可以大大提高她们的工作效率。当她把这项计划呈给总经理过目时，她失望了。总经理否决了这项计划，原因是没有这笔预算。

然而，罗丝玛莉并没有放弃她的想法。她考虑再三，重新写了一份报告，以另一种方式处理这件事。

她对经理说："请想想昨天下午在会议室里发生的事情：我们的公司必须支付高薪给六位律师，其中三位是我们公司的专职律师，两位代表对方公司，一位代表政府。他们坐在会议桌旁，等待我们公司的打字小姐把复杂的合作草约打好，但那份草约却是一打再打，足足拖了三个小时。特别不幸的是，在这么重要的情况下，草约好几处仍有打错与改过的痕迹。我们所要说的重点就在这里——我们很清楚我们把优先顺序弄颠倒了。我们只考虑投资买了这种处理机后，每打一页纸将增加一分钱成本，却没顾及到在使用原有的打字机时，我们必须负担每人每小时 300 元的律师费。单是昨天这种情况，我们就要花费 5400 元，这已足够买一台文字处理机了。"

结果，经理同意了罗丝玛莉的建议，整个办公室都用上了这种先进的文字处理机。

5、退却经营，迂回取胜

求而往，明也。

公司经营陷入困境，要选拔人才并适当收缩市场，待机再求发展。

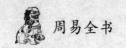
　　"三十六计，走为上策"。在强大的竞争对手面前，明知自己无望获胜。那么，主动退却，保存实力，也不失为一种上策。

　　在公司经营活动中，退却经营战略也是一种重要形式。美国钢铁公司在美国钢铁业中坐第一把交椅。1901年，它由三家钢铁公司合并而成，从诞生之日起它就是一家垄断公司，到了20世纪50年代，这家公司占美国钢产量的1/3，跃居世界最大的钢铁公司，60年代后被日本钢铁公司击败，屈居世界第二。

　　1979年，大卫·罗德里克出任美国钢铁公司董事长。当时，该公司在生产设备老化、经营不善以及外国钢铁产品涌进美国争夺市场的多重打击下，经营上困难重重。

　　为了摆脱困境，罗德里克决定采取退却经营的战略形式。首先，他缩小公司规模，然后再谋求新的发展。从1980年开始，罗德里克总共关闭了150座工厂，缩减了30%的炼钢生产能力，辞退了54%的职员，裁减了10万工人。

　　同时，他出售公司的林地、水泥厂、煤矿厂和建筑材料供应厂等资产，又获得了20亿美元的资金。

接着，罗德里克与公司其他高层经营人员一起，研究了美国几家公司，最后决定以50亿美元的价格收购马拉松石油公司。石油与钢铁性质完全两样，罗德里克只是想借此扩大公司的业务范围，以防风云变幻。

果然，当西方钢铁业最不景气的风暴袭击美国时，美国钢铁公司却幸运地逃脱了倒闭命运。不仅如此，公司还在这种困难环境中有所发展，获得高额利润，这真不愧是"走"字计决策高手。

总之，退却经营是现代公司的一种重要战略形式。当你所经营的产品遇到市场疲软、难以销售时；当你的产品质量不好或发现为别人的另一种产品所取代时；当与你的竞争对手实力相差悬殊，难以战胜对手时，不妨采用退却经营的战略形式，以退为进。现代公司经营者如果不懂得退却经营战略，该退不退，势必在盲目前进中碰壁，碰得头破血流，叫苦不迭。

市场第一线是人才的比拼

原文：《象》曰：山下出泉，蒙；君子以果行育德。

释义：《象辞》说：《蒙卦》的卦象是坎（水）下

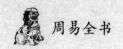

艮（山）上，为山下有泉水之表象，但要想发现甘泉，必须设法准确地找出泉水的位置，即意味着先必须进行启蒙教育。君子必须行动果断，才能培养出良好的品德。

释例：蒙卦有两层含义，第一层是蒙昧，蒙昧的人就要接受教育；第二层是启蒙，启蒙就是重视员工的培训，而培训则从观念的更新、理念的启蒙入手。

1、了解人才的特点

发蒙，利用刑人，用说桎梏；以往吝。

要以诚意感化员工，尊重其个性发挥，因材施"法"。

人的行为风格可分为以下四类：分析型、推动型、表现型及温和型。

（1）分析型是完美主义者。他们事事力求正确，精于建立长期表现卓越的高效流程。但他们的完美倾向会导致大量繁文缛节，做事喜欢固守陈规。

因此，不要指望这些谨小慎微的人会果断决策。这类人总是搜集尽可能多的信息，权衡各种选择、甚至一些不可能的选择。分析型的人喜欢独立行事，不愿意与人合作。尽管他们性情孤傲，但令人惊喜的是，患难之

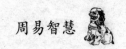

中却最见忠诚。

（2）温和型的人适合团队工作。他们常喜欢与人共事，尤其是人数不多的团队工作或两人合作。这类人淡漠权势，精于鼓励别人拓展思路，善于看到别人的贡献。由于对别人的意见能坦诚以待，他们能从被其他团队成员随手否决的意见中发现价值。

温和型的人常常愿为团队默默耕耘。由于他们的幕后贡献，往往使他们成为团队中的无名英雄。这种无私的奉献固然伟大，但他们可能会走极端，只顾别人却忘了及时完成自己的职责。

温和型的人一般在一个稳定的、公司组织架构清晰的公司中表现出色。一旦他们的角色界定、方向明确，他们会坚定不移地履行自己的职责。

（3）表现型的人好炫耀。他们敢于夸口，好出风头。这类人喜欢惹人注目，是天生的焦点人物。

表现型的人活力十足，偶尔也会显露疲态。这往往是因为失去别人刺激的结果。也许由于他们精力充沛，所以总是喜欢忙个不停。

但表现型的人好冲动，常常在工作场所给自己或别人惹麻烦。他们喜欢随机做事，不爱计划，不善于时间

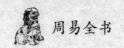

管理。他们能抓大局，放弃细节，喜欢把细节留给别人去做。

（4）推动型的人注重结果，在四类人中最务实，并常常为此引以为自豪。他们喜欢订立高却很实际的目标，然后付诸行动。但他们极其独立，喜欢自己设定目标，不愿别人插手。善于决断是其显著特点。

2、在打拼中选优

包蒙，吉。纳妇，吉；子克家。

——经营者要身先士卒，注意员工人品与能力双重培养。及早淘汰无才无德的员工。

公司的发展迫切需要人才，人才的数量和质量决定了公司竞争的命运。英才是需要培养和锻炼才能形成的。经济竞争对高级人才的要求是多方面的，而且要求越来越高。高级经商人才需要精通经济领域的知识，掌握经商技巧，长于经营谋略，要有较高的文化素养，出色的才能，坚强的心理素质，及道德的修养。同时，还需经过市场上生意实践的磨炼，具备丰富的经商经验。

德国建有"教学公司"，培养未来的经理们。教学公司模仿公司的业务进行学习，学生们在教学公司的每一个科都干一段时间，以学习生产和经营管理的完整知识，把学生培养成高水平经贸专才。

日本佳能公司被称为照相机王国。该公司特别重视职工业务和技术的培训，并建立了研修制度，设有专门负责职工和管理干部的教育研修中心。研修大致分为四种类型：一是新职工的研修。要求他们通过研修掌握一些基础技术，时间一般为两、三个月，前半段主要是理论学习，后半段到工厂实习。二是普通职工研修。主要是学习一些新技术，比如文字处理机和微机电脑等。三是技术人员研修。主要学习一些尖端技术。四是管理干部研修。部长和科长干部通过学习新的公司经营方法和劳动法法规，提高经营公司的水平。佳能公司的职工研修制度保证了公司良好的技术水平和管理水平。

3、在培训中提高

击蒙，不利为寇，利御寇。

——教育培训要采取循序渐进、潜移默化的方法。

华人企业家对人进行管理与使用的思想十分独特。王永庆认为：在公司景气的时候，反而要多留点心，因为赚钱比较容易，会使员工产生骄傲的心理和满足的惰性；相反不景气倒能使公司上上下下同心协力，工作不敢有丝毫懈怠。

　　台塑体系企业每年大概保持500名新员工，每一个新员工从第一天起就要接受严格的训练。不管学历高低都从基层做起，首先分配到各下属公司做操作员。6个月的实习，要让学员们接受公司一整套经营观念，培养他们独立思考解决实际问题的能力。任何一个企业家的成长，都要从最基层做起，一定要意志坚强，能吃苦，能受累，任劳任怨。从而使自己当上主管以后，更懂得基层的重要，更懂得基层需要做什么和怎样做，更懂得怎样去管理基层工作。

　　针对学校的教育与公司人才需求方面，存在脱节的现象，王永庆特意创办了"明志工业专业学校"，培养理论与实际相结合的人才。为了加强公司竞争的实力，华人企业家对本公司职员不断进行各种必须的业务培训，以适应市场经济的高速发展。

　　管理阶层的知识水平在公司经营中起到决定的作用。林绍良的合伙人都是精通本行业务的专职人员。他聘请一批专业人员进行经营管理。中亚银行总行及国内外分行，国内外许多重要公司公司中的总经理、副总经理、经理、部门主任都由一批干练的专业人员担任。

　　从上面的例子，我们可以看出，他们的管理阶层知识水平非常高。尽管如此，林绍良却没有满足于这一点。他看到了日新月异的知识变化，看到了知识在竞争中的决定因素。因此他不断地努力提高职员知识水平和经营素质。

4、在基层发掘人才

利用御寇，上下顺也。

——员工正确领会了培训的要旨，应用于实际工作中，便会给公司带来效益。

台湾台塑集团的总经理王永庆曾经说过："我对新入公司工作的员工，不要求他具有多少经验。没有经验其实也是好事，就好比一张白纸。对于有经验的人，要想改变他通常就更为困难。"

虽然王永庆不要求新职员有工作经验，但并不等于选拔人才要求的不严格。经过6个月的追踪考查之后，按每个人的专长分配到各单位实习。对于经营人才实行训练，不仅要求他们具有发现问题和解决问题的能力，还要求他们有独立思考、积极追求的素质。在经过一年半到两年的实习之后，就积累了一些工作经验，由实习生成为熟练的工作人员。王永庆独特的用人方法，对于台塑公司的发展起了相当大的作用。

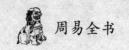

　　林绍良也是一位用人高手。他认为一个人的能力是有限的，得不到他人的支持，你就是有再大的本领，也很难成功。林家集团聘用了许多大学生、工程师。他任用的管理人员都是从基层选拔上来的。

　　重视基础培养和基层锻炼，这是林绍良和王永庆培养人才与考察人才的共同点。

时刻操作成功的商机

　　原文：《象》曰："需于沙"，衍在中也；虽有小言，以终吉也。

　　释义：《象辞》说："在沙滩上等待"，表明宽宏大量不急躁；虽然受到一些非难和指责，但终久能获得吉祥。

　　释例：《说文》："需，须也，遇雨不进，止须也。"就是讲，下雨了你必须等待机会，等雨停了以后再行路，这就是等待。公司新决策的实施要以内、外双重因素允许为前提。

　　1、敢于做赔本生意

　　需于郊，利用恒，无咎。

——公司发展不可急于求成，要等待机遇的到来。

为了理想，可以少赚，但不宜多赔。只要是自己看准了一定能赚钱的生意，那就毫不犹豫地去做，即使开始赔钱也无所畏惧。做生意要高瞻远瞩，目光长远，而不能鼠目寸光，急功近利。

在日本京都有一家中式酒楼，近几年生意非常红火，同行们纷纷投来羡慕的目光，然而没有几个人能知道这家酒楼的发迹史。

这个酒店的老板姓马，他最初开的是中药铺，俗话说隔行如隔山，当他决定改行开酒楼时，遭到很多人的反对，觉得他放弃老本行，打入竞争激烈的酒店业，简直不可思议。

但马老板主意已决，不管别人怎么说，他都不肯改变立场。

马老板的酒楼经营方式与众不同，他以香港式的点心为中心的饮茶方式来经营。这更加引起了亲朋好友的担心，因为当时有两家点心店刚刚倒闭关门。

开张营业后的一年多时间里，酒楼一直在赔钱。这时候，亲戚朋友都开始嘲笑他，连他的太太也不断地抱怨，更有人干脆说他是个"败家子"。

马老板却说:"这都是意料之中的事,一开张就赚钱的酒店成不了什么气候,如果做生意只盯着赚钱,时间长了,也就赚不了大钱!""我的方向是以创造优雅的气氛和优质服务来吸引顾客,让他来一次就再也忘不了。现在赔钱也没什么了不起的,过不了多久就会大把赚钱的,你们都等着瞧好了。"

果然如此,一年后,他的生意日渐兴隆。而且顾客认为,有那么优雅的环境,就是多花一点钱也值得。

这个时候,那些反对他的人,面对他蒸蒸日上的业务与源源不断的利润,都改变了过去的看法并十分佩服他的果断明智。

此后,马老板所开创的香港式经营风行日本,因越来越多的日本富人去过香港后,回日本一看,发现居然有与香港风味类似的酒楼,便进去搓一顿。慢慢地,这种经营方式就流行开了。当然,作为先行者,这位马老板赚了相当可观的一笔钱。

马老板当初改行经营酒店,是经过了一番深思熟虑的,而且,把最初要赔多少钱都计算出来了。堪称胸有成竹,有见识、有魄力。如此,岂有不赚钱之理!

2、善待部属,尊重个性

需于沙，小有言，终吉。

——经营者要有抵制风言风语、把握好公司工作氛围的能力，不被压力所左右。

公司经营需要上下一心、荣辱与共、同心同德的精神。松下幸之助先生在这方面总结了许多经验，说了许多至理名言。他主张"脱掉社长的外衣"，和广大员工打成一片。还说："最失败的领导者，就是员工一看到你，就像鱼群似地没命地逃开。"

西方发达国家的公司研究者，总结正反两面的经验，为了使员工与管理者同心同德，提出了如下一些建议：

（1）善待你的部属，让他们懂得你是为他们着想；

（2）多参与他们的活动，了解他们的苦衷；

（3）给属下创造良好的工作环境，让他们知道你处处体贴他们；

（4）认同属下的表现，要向属下表示赞赏，不仅要口头肯定，还要适当加薪，让他们知道你随时肯定他们的贡献；

（5）容忍每个人的个性和风格，使他作为一个活生生的人存在，不要把他们当成会说话的机器。

3 义无反顾地去做

需于泥，致寇至。

——一项错误的决策使公司经营亏了本，经营者要及时改变战略，静观待变。

天地间的万事万物，万形万象，没有固定的方位。如果不能明白它的变化，就无法应付它；如果不能顺从它的变化，就无法扭转它；如果不能乘着它的变化，就无法制服它。华侨们坚持"危邦不居"，"乱邦不入"的原则，他们通常都能做到进退自如。他们常说的一句话是："识时务者为俊杰"。他们胜而不骄、败而不馁。既灵活多变，又稳扎稳打。虽不涉身政治漩涡，但密切观察时局动荡，顺应时务而见风使舵。他们大面撒网，集中捕捉。当在准备改变经营行业的时候，他们会提前搜集有关的信息做非常充分的调查研究。一旦下了决心，就义无反顾地去做，并且"不到黄河心不死"。

诚然，任何成功，都不可能是一帆风顺的，但他们能按部就班，循序渐进。

在日本，当酒吧、酒廊因为过分竞争而趋于"同归于尽"时，华侨们立刻改变战略开办新型酒吧。他们经营的酒店有别于普通酒吧，首先他们以便宜的价钱吸引更多的平民阶层的顾客。

然后他们考虑空间问题，把酒店办得视野开阔，使其具有开放性，让生活在狭小空间的日本人从"鸟笼子"里走出来，成为他们的忠实顾客。另外，他们还根据日本很多公共场合不允许女性进入的特点，为女性顾客开辟了空间，使众多女性也能光临酒店。由于有众多女性纷纷光临，自然吸引了更多男性顾客纷纷上门。

正是这些与众不同的特点，华侨的酒店生意兴隆。华侨的灵活善变，为他们经营赢得了时间。等别人效仿时，他们已又有了新点子，又找到了更好的赚钱机会。

4、不痴迷眼前美景

酒食贞吉，以中正也。

——即使公司生意一度兴旺，经营者也切不可得意忘形，而要居安思危。

有一句歌词这样唱道："好花美丽不常开，好景迷人不常在"，它的意思是说：任何美好的东西都不可能永远存在。

台湾台塑董事长王永庆，深明"好景不常在"的道理，他甚至把居安思危当成经营的座右铭。

他成为台湾的"塑料大王"之后，仍然保持一颗冷

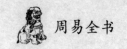

静的头脑。面对深不可测沉浮不定的商海，王永庆想得更远、更深。他知道台湾经济发展迅速的一个重要原因，是由于劳动力工资低廉，如果工资提高，那么与美、日、韩等国的公司相比，台湾公司也就没有什么优势了，再说台湾市场本身就很小。

有鉴于此，王永庆把眼光投向了国际市场，想方设法提高产品竞争力。他盯住自行研制开发技术，自行设计、自行制造机械，最大限度地降低成本，以做到高质量、低成本，终于打入中东、东南亚乃至顽固的日本市场。

中国有句古语：人无远虑，必有近忧。

人生和事业也同样有高潮和低潮，明白"好景不常在"这个道理，才能变被动为主动，积极地把各种危险消灭在萌芽状态之中，防患于未然。

5、不浪费每个人才

入于穴，有不速之客三人来；敬之，终吉。

——经营者平时的礼贤下士，公司有突发事故时，会有"新人"别出心裁提出好办法使公司脱离困境。

善于发现"千里马"是公司领导应具备的起码素质。不浪费每个人才，让每个人才都能人尽其才地为公

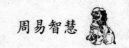

司出力。

1972年，林绍良在飞往香港的飞机上巧遇银行家莫达·里迪，交谈中得悉莫达·里迪刚辞去"冷印银行"总裁之职，林绍良对莫达·里迪的干练才能非常赏识，当机立断，主动热情地邀请这位银行家主持中亚银行，并任命他为中亚银行总经理。

莫达·里迪对林绍良的果断与重任非常敬佩，毅然入股中亚银行，成为该行重要股东之一。当今世界不是"千里马愈少"，而是"伯乐愈少"。由此可知今日"伯乐"实为可贵。成功的华人正是以"伯乐"的眼光，网络人才，而正是各种"千里马"，使成功的华人"春风得意马蹄疾"，很快达到自己的目的。

胜者不战而屈人之兵

原文：《象》曰："不永所事"，讼不可长也；虽"小有言"，其辩明也。

释义：《象辞》说："不久陷于争端之中"，说明与人争端决不可长久，决不可互不让步，相持不下；虽然"受到一些非难指责"，但通过摆事实讲道理，可以明辨

91

事非。

释例： 在经营活动中纠纷一旦发生，公司经营者应本着以最轻的方式处理，淡然地和解对双方都有利。

1、没有向心力就没有竞争力

不永所事；小有言，终吉。

——公司不要长期陷于官司中，只要自己的损失减少了，就应迅速化解矛盾。

和睦，是使一个国家安定团结的重要方面。举国和睦，叛乱就会很少发生；边境和睦，就没有烽火的惊扰。君臣和睦才能对大将非常信任，将相和睦才能建立功业，将士和睦论功行赏才能做到互相推让，处在危难之中能互相救援。因此，和睦是治国治军不易做到但又是极为重要的原则。

古人云："群臣辑睦，甲兵益多。""辑"，指和睦、辑睦、团结合作。

一个集团，一个公司的进取精神，竞争力和向心力的统一，是兴旺发达的条件；相反，集团分裂，公司失去向心力，就会丧失竞争力。

在一个奉商业道德至上的企业家、领导人的观念里，竞争只不过是一种手段，而不是目的。真正的目的则是全社会的物资丰富、市场繁荣、科技进步。所以，公司与公司间、对手间的周边关系，都是至关重要的。应该在竞争中求得和睦友好，求得相互协作。当今社会化大生产，离不开互相协作，即使是竞争双方也是谁也离不开谁。

2、经营决策的危险信号

不克讼，归而逋，其邑人三百户，无眚。

——公司的官司失败，先安稳立足于原本的市场，暂不要急于开拓新市场。

公司已明显处于劣势时，可采取劣势战略。这种战略的目的，是为了尽快地阻止和扭转衰退的局面。决定采取这种战略时，公司应考虑两个问题：

第一，公司是否还能短期获利？如果能，那么继续短期经营的价值是否大于清理的价值。

第二，有没有引起公司产品于市场发生衰退的原因？是战略本身失策，还是执行战略过程中方法和策略使用不当？如是方法、策略使用不当，则应改进执行，以免公司资源和技术继续受损；如属于战略本身缺陷，则应重新制定新的战略方案，尽力保护执行新战略必备的资源和技术。但值得注意的是，公司不管采取什么类

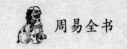

型的劣势战略，在接近破产的情况下，公司还是要充分利用现有的资源，大力支持那些会在长期内产生收益的经营活动。

实施连锁式经营和向海外进军，都是公司拓展业务的重要手段，仅仅据此并不能断定这是破产前兆。但是在这种情况下，如果公司有弱点，像缺乏技术、专业知识、专业人才，不足以应付营运上的各种需要或资金来源有问题等等。只要发生其中三项，那就是经营决策危险信号。

"宝屋"是东京有名的肉类批发商，1982 年 1 月因支票商跳票，而宣布破产，负债总额 16 亿日元。该公司自开业以来，由于经营得法，公司进展十分顺利，后来因业务上需要，一家接一家地设立了好几十家连锁店，业绩也一天天上升。1981 年的年营业总额高达 31 亿日元。但由于在 1981 年 6 月至 12 月底之间，在三家大客户那里滞留了 3000 万日元。同年 9 月，与猪肉供应商（进口商）磋商没有结果，供应商采取果断措施，停止肉类供应，而使公司营业全面陷入停顿状态。由于连锁店太多，主力供应商又突然停止送货，一下就变成了僧多粥少的情况，最后公司不得不结束营业。

3、巧用"障眼法"

食旧德，贞厉，终吉；或从王事，无成。

——小公司应立足于在一个很小的市场占据很大的份额，这样风险较低。

公司主管必须具备相应的专业商品知识，熟悉商品的原料、零部件、加工程序、功能特点、使用方式、外型设计、包装形式以及科技艺术化的观念等。同时，还要了解市场状态、市场价格、消费需求、竞争对手等各种情况。实施专业经营战略，容易赢得买主的信任，做成更多的生意。

日本厂商在进攻某个市场之前，通常都有一套周密的部署。在"摊牌"前，又总是不显山不露水。日本厂商在进入美国市场的初期，往往只提供低档产品，而美国产品一般是高档的。

因而他们感觉不到日本厂商的威胁。日本厂商多采用侧翼进攻的策略，使美国公司忽视其威胁，如美国汽车厂商将注意力集中在大型豪华型轿车的生产上，而日本则先进攻其忽视的侧翼——小型、节能型轿车市场。日本厂商以多种不同特色的轿车满足多个细分市场需要，尽管单个细分市场份额并不大，但加起来，总份额就不小了，而这容易给美国厂商造成一种错觉。日本厂商初期利用美国著名中间商、制造商的品牌及其销售网络来销售，一成气候，立即打出自己的品牌，这也是一种"障眼法"。

4、是竞争而不是斗争

不克讼；复即命，渝，安贞吉。

——公司打官司失败后，经营者应认真总结，放弃好打官司的习惯，以利于公司今后的发展。

生意是以经营为始末以竞争对手为对象的，而不是以打官司为目的的。为了使其更臻完美，经营也必须不断更新。赫瑞·杜鲁门这位离任的美国总统，曾在他椭圆形办公室设置一标语："与人无争"。

这是经理人必知的一句箴言。各位，请在检讨各种纷争的同时，先检讨你自己的所作所为，请在抱怨你的付出与所得不成比例时，记住自己也是铸造此结果的一分子。

我们只有尽量排除纠纷，放弃好打官司的习惯，专心于经营，使公司起死回生，才能培养自己成为深谋远虑的经理人，来承担事业兴衰的勇气。

内省式经理人，在面对逆境时，有另一番方法。从事经营管理，必须先使自己成为有强烈独立自主意识、具备很高责任感的人，有能力领导别人，而别人也敬畏服从你的领导。这是获得信任与尊敬的关键。相反，在经历失败和挫折时，有这样的认识："好，由于我的错误，我失败了，但这宝贵的教训告诉我勿再蹈覆辙，今日的失败是明天成功的跳板。"

5、营造和谐的合作气氛

以讼受服，亦不足敬也。

——无论公司内部还是合作伙伴都应和睦相处。

孟子说："天时不如地利，地利不如人和。"一个成功的公司，许多经验颇值得借鉴，良好和谐的公司内部人际关系，就是成功的关键。

和谐的公司内部人际关系是一种无形的财富，它不但能使员工齐心协力，而且还可能营造出一种宽松、愉快、默契的团队气氛。人在这样一种气氛下生活与工作，有利于身心健康，有助于激发灵感和创造性思维，有利于维持最佳工作状态。

和谐是一种公司内部人际关系的润滑剂，它有助于减少由人际磨擦造成的"内耗"，保证全体员工精力集

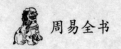

中，最大限度地投入工作，使公司这部机器能高效率运转。他们正是认识到这一点，他们才把培养职工的合作精神当作一项重要的内容。

华人企业家们创造各种环境与条件，使员工养成合作的精神，保持和谐友好的气氛。

台湾"女强人"吴舜文，要求她的公司定期开游园会，组织各种兴趣小组，大家在一起共同娱乐。在愉快的气氛中，职员们彼此围绕共同的爱好、兴趣问题进行愉快的交谈。这样的活动，促进了职员们的私人感情，使他们在工作中能够更加协调彼此的合作关系。

爆发才智是大师的强项

原文：《象》曰："师出以律"，失律凶也。

释义：《象辞》说："出师征战必须要有严明的纪律"，要号令整齐，行动一致，赏罚分明。如果军纪不良，指挥不灵，必然要发生凶险。

释例：公司在市场经济下生存的根本一点是要采取正当的竞争手段，不可非法牟取暴利。

1、发号施令，详尽细致

师出以律，否臧凶。

——在开始创业期，经营者的各项号令，都要使公司保持严格的组织纪律性，以形成良好的团队。

我们经常听到有人主张：下命令要简洁。若因此而产生错误，不啻是白忙了一场，故应该改为下命令要详尽，不给听令者留下退路。

详细地说明命令的内容不会有任何坏处。虽然有人认为："一旦委托下属，就不要横加干涉。"但若拘泥于此，可能会失败。

你必须在适当的时机，对下属不厌其烦地叮咛、确认、监督、激励，有时甚至需要伸出援手。或许下属会觉得厌烦，你也无须太在意。

当然，换一个角度看问题，如果上司太热心地叮嘱，太过于督导下属，也会产生问题，并非一切事务皆可盲目地往前冲。

在完美主义的上司底下工作会比较辛苦，而且有时压力会重得使你承受不了，不过，也许你会觉得这是一个新趋势。

你是要锲而不舍地追求，抑或就此紧急刹车？是坚持己见，或是与对方妥协？若选择与对方妥协，妥协的

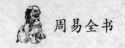

极限又在哪里？诸如以上情况的判断，都是牵一发而动全身的。

判断也会因内容的不同而有所变化。虽然我们无法提出一个总体的结论，但在此建议一个在所有情况下，你都必须考虑的基本原则。

这个原则就是，各项号令都以员工幸福的观点来考虑一切事物，不要只顾追求眼前的利益。由于业务的扩展而造成了刑事责任的追究，并且失去了员工的信赖，类似这种公司的消息报道每天都会出现在报纸上。你必须牢记，员工若不幸福，公司就不可能兴隆。

2、企业家的大将风度

在师中，吉，无咎，王三锡命。

——经营者既要刚毅中正，又要有勇有谋。

将领可分为儒将、勇将、敢将、巧将、艺将等类型。儒将足智多谋，勇将能征善战，敢将胆略过人，巧将长于制造，艺将身兼数技。一个将领如能同时具备以上将领的素质，就会用兵如神，战无不胜。

"将"，即将帅、将领，通称高级指挥员。

"兵经"把良将分为儒将、勇将、敢将、巧将与艺将，这五种将领的特征为：

儒将——有智慧、谋略、饱读诗书；

勇将——英勇善战，冲锋陷阵；

敢将——胆识过人，敢于深入虎穴；

巧将——善于使用巧妙的计谋制服敌人；

艺将——善于运用各种战争的艺术。

宋朝爱国将领岳飞堪称为集五将之长的良将，实在不可多得。

公司的高级决策者、经营者，如果能具备良将的五种特性，必将是一位杰出的企业家。

新加坡前总理李光耀曾说："明天的新加坡卖的是脑力，而非劳力。"这一方向，也是世界性的公司发展方向。所以，在当今科技腾飞的商战中，更加要求公司经营者同时具有知识、勇气、决断、谋略及经营管理艺术。真正优秀的企业家，乃是公司的灵魂、主心骨。

不打无把握之仗

师左次，无咎。

——经营者要坚持周密和慎重原则，不要做无把握的决策。

治军用兵讲究周密，每战的计划、准备要求做得无懈可击，无隙可乘。在战争中，因一个岗哨安排不周，

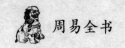

被对方摸了营；行军路线选择失误，中了敌人的埋伏；宿营地点条件不利，惨遭敌人袭击；一个生活小事考虑不周，而贻误了军机大事……

作为一个公司的决策和经营者来说，不但要集中精力考虑大计方针、经营谋略，而且有必要关心每一个生产、经营环节，关心每一个职工的生活、学习、休息等日常细节。能周到地考虑公司大大小小的事，也能周到地对付竞争对手中"大敌"、"小敌"，如此公司才有强劲的竞争力量。

不让思考缺席

田有禽，利执言，无咎。长子帅师，弟子舆尸，贞凶。

——公司经营遇到险阻，经营者要主动改变策略，避免损失的扩大。

翻开信息产业发展史，很难不提到IBM，不只是因为它规模庞大，也不只是因为它率先发明了个人计算机（PC）和半导体铜制线技术，而是在每次科技产业重要的转折点上，IBM从来不缺席，连"摔跤"，都是特大号的跟头。

IBM真正令人注目之处，是它由硬件的巨人，变成了服务的巨人；由厚重主机事业，变成轻薄软件事业。它的一举一动，都瞄准着知识经济的核心而来，过去它的产品动辄和我们的房间一样大，但现在它的产品几乎不占空间。

公司的转型历来是一个难题，对 IBM 这个庞然大物来说更难，它是如何成功转型的？

2000 年，IBM 的营收总额达到 884 亿美元，拿到联合国的经济实力（GDP）排行榜上比较，它足可排在世界第 39 名，胜过委内瑞拉，小输新加坡；而委内瑞拉有 2320 万人口、新加坡 350 万，IBM 可只有 31 万员工。

一般人说它富可敌国，一点也不虚拟。但是你一碰到老 IBM 人，"大"这个字，却曾经是他们的梦魇，因为他们曾 3 年亏损掉 160 亿美金——再怎么寒酸的国家，GDP 也只会负增长，不可能赔钱。

1990 年，PC 崛起、策略性委外加工崛起、企业科技投资的衰退这三大暗流给这个巨人造成了沉重的打击。每一道都让 IBM 的"财神"——大型主机生意节节败退。在日本和台湾股市崩盘的当时，IBM 的光芒开始被英特尔与微软超越。华尔街最大共同基金操盘人彼得指出："IBM 的股票，曾是所有基金经理人的最爱，

没想到成了最痛！"

1993 年，IBM 兼容 PC（它出品的第一台电脑）席卷世界，IBM 却被当作 PC 行业的负面象征，在所有科技股中逆市大跌，创下了单年亏损 81 亿美元的纪录。

事业的成功多半源于大胆的思考，IBM 很早就知道服务的重要，但"服务"这件事在过去从来没被当作主角。

这是 IBM 投入服务业的历史，1992 年，IBM 便以地区为主的方式，尝试"服务"的可行性，替客户小规模建置信息系统，累积服务，直到 1997 年，才打破地区的限制，成立全球服务事业部，建立起统一而有系统的作业流程。

5、不让人才流失

大君有命，开国承家，小人勿用。

——经营者要做到惟才是举，留住有用之才，莫留无用之人。

传统的经营理论认为，人员频繁流动是公司活力的源泉，是公司生存的基本前提，因而他们对日本的"终身雇用制"嗤之以鼻。不过，这种思想目前遇到了挑战。

《Z理论》的作者威廉·大内指出："美国公司经营一向是以'异质性'、'流动性'、'个人主义'为特点的，在这种经营环境下，人员流动频繁。美国公司人员的补缺率约为日本

的4至8倍。大量的人员流动带来培训成本升高；促使人们追求迅速提升，而忘掉公司目标；

人际沟通困难，缺乏合作；公司与职工关系淡漠，彼此缺乏信任感；管理机构严重官僚化，没有人情味；管理当局控制有余，指导和激励不足，等等。"在这种模式下，公司内彼此都是"陌生人"，即使每个人都很出色，但要让大家深刻领会公司宗旨，分担风险，为公司献身，事实上是不可能的。为此他提出应学习日本，使雇员稳定化。雇员稳定会不会成为公司的累赘？大内说，这是传统经营思想狭隘之处，担心是多余的。其一，因为公司在衰退时期不解雇工人造成的损失，是可以通过赢得职工的忠诚得到超额弥补的。其二，稳定雇员等于公司保持了长期以来积累的技术和经营经验，这是竞争的条件。其三，由于衰退时期员工的报酬、工作日等都可以压缩，使他们分担公司亏损，所以公司仍然有利可得。因此，在技术革新步伐加速时代，临时雇佣

思想，确立稳定雇员思想是形势的要求。

休利特－帕卡德公司在20世纪40年代就已经下决心"不做一个雇了人又解雇人的公司"，这是一个十分大胆的决定。

到了1970年国民经济衰退时期，公司的生意大减，但公司解决这个问题的办法不是辞退雇员，而是实行减薪减工时的方法来压缩开支。全公司从最高领导到每一名工人一律减薪10%，同时每人的工作时间也缩短10%。就这样，公司没有解雇一个人，却成功地渡过了困难时期。到后来，这家公司的经营人员和工人都干得十分出色，公司很快进入经营最佳的美国公司行列。

诚信是品质也是品牌

原文：《象》曰："显比"之吉，位正中也，舍逆取顺，失前禽也；邑人不诫，上使中也。

释义：《象辞》说："光明无私，亲密团结，互相辅助"，可获得吉祥，因为此时居于正中位置。抛弃逆天行事的举动而顺其自然，就好像围猎时网开一面，让该被擒的禽兽落网，不该被获的从前面逃掉；君王的部下听其自然，不加戒备；这是君王的贤德感化了部下的缘故。

释例："比"为并列行进之象。与"北"字作比较，"北"的字型与"比"相反。比是向一个方向，而北是背道而驰。比字有比比皆是，比翼双飞，比肩而立，比肩接踵……全面地对员工进行管理，多召开员工会议，听取群众意见。

1、威信是权力的延伸

外比之，贞吉。

——如何塑造自己的威信至关重要，因为威信是权力的延伸。高级管理者喜欢用威信控制别人，而厌恶成为权力的魔鬼。

改变下属最好的办法是信任，即"我相信你一定可以做得更好"，只有这种方式，才能让下属从心底里接受，并主动改变自己。

如何才能跟下属建立起充分的信任关系呢？

如果你想获得驾驭别人的无限能力，如果你想唤起别人对你的信任，你就要按照下面的五项：

指导原则去做：

原则一：做事要永远诚实可靠；

原则二：说话要一诺千金；

原则三：在你的所有书面声明中，措辞都要准确、真实；

原则四：支持你认为正确的事情；

原则五：当你做错了事的时候，你应该理所当然地接受批评。

信任你的忠实的下属吧，只有这样他才肯听从你的话改变自已！高级管理者只有这样做，才能建立自己的威信，成为一名好领导。

在工作当中经理如果想要让部属团结一心，共同努力，相互促进，形成一个友爱

互助的团队，那他就要善于揭示出团队的共同利益，从而让下属达成共识，为着共同的目标而奋斗。

经理应该多运用积极的刺激，而不能用消极的刺激。甚至使人类生理上动物本能的部分（大脑皮层的外侧），也能均衡地运作，以使部下不感到意志的自由受到限制的不愉快的感觉。

结果是员工的干劲都被激发出来，这种激发出来的力量，不只是原来力量的两倍、三倍而已，而是以二次方、三次方的方式在增加。这一来，整个公司就可以发

挥出爆炸性的威力！

2、不带个人偏见

显比。王用三驱，失前禽，邑人不诚，吉。

——不要对任何人都亲切沟通，对行为不正派的员工应及早解聘。

不论怎样，经理都不应该将自己与员工的关系延伸到一些亲密的关系之中。而且，你也不大可能成为他们最亲密的朋友，除非你具有一个充当顾问的职业技能，否则，你就冒着一种很大的风险。每个人的周围都有一种无形的界限不可逾越，这是一种私人生活的界线，一种内部思想和感情的界线，他们不愿向外面的人透露。你应尽量使自己与员工具有某些相同的兴趣，但你更应该限制自己的兴趣范围和程度。

在日常工作中，你往往容易受那些你喜欢的人的吸引。同样地，那些喜欢你的人也容易受到你的吸引。我们在工作中与那些喜欢的人在一起花的时间要更多，相互之间了解得也更多，这种了解也将我们之间的距离拉得更近。所以，你要经常提醒自己，防止陷入一种感情的困扰之中。你要学会认识这种危险的信号，收住自己的脚步。

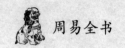

警告自己不要自欺欺人地以为自己花更多时间与某些员工在一起完全是出于工作的需要，绝不带有个人的偏向。当你靠近个人情感的界线时，应仔细考虑一下其后果。一旦逾越，事情就可能变得无法控制。

与员工在工作中靠得太近，还会有其他的危险。你个人的威信大打折扣。一旦你越过这一界线，会给员工造成这样一种印象，就是当你做出一个决定时，他们以为你会站在他们一边，如果你的决定与他们期望的相反，他们会以为你背叛朋友。你不应该与你自己的员工以及上司保持一种过于亲密的个人关系，这种友谊会给工作带来不便。

3、拔掉销售渠道上的钉子

比之无首，凶。

——经营者要和产品的经销商、社会各界、政府人士建立广泛的关系网，以利于公司的发展壮大。

一个有影响力的核心人士将是你的下一个支持者。他可能是公司的员工，也可能是公司外人士，但他一直能对公司决策者施加很大的影响。这通常是一个内幕知情者、官员或经理人，他们对你特别有价值。

怎样才能拜访你不认识的公司决策者或有影响力的

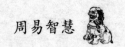

核心人士？你可以让有相近职位的客户帮你推荐，也可自我推荐。

在许多公司，通常是公司负责人而不是行政总裁接待你，听取你的销售介绍，并指点你去找什么人。如果你的介绍打动了他们，他们就成为你的销售渠道。

一个销售员正向一家运动设备制造商推销他的服务，但他没有得到推荐。按照习惯，他决定去拜访愿意接待他的最高负责人，希望其给予推荐。果然，在听了介绍后，这位负责人详细地告诉他该怎么做，并同意作他的推荐人。

该销售员成功地拜见了公司的决策人，是一位副总裁兼总经理。他成功了吗？远着呢！几次拜访之后，这位副总裁就把他介绍给其他总裁或属下的经理人，每次都要单独面谈。这位销售员意识到他迈上了一条没有成功保证、困难重重的道路。

幸运的是，他可以不时和那位副总裁碰碰头，了解其对这种销售态度的变化，保证得到他的不断支持。那位副总裁还让他讲出对可能碰钉子的担心，并把拖延技巧或可能遭受的反对转告给他。这位销售员因此就能更好地准备说词。随着障碍一个个被攻克，眼看胜利终于

在望，可是在拜见人事副总裁时，却碰了个大钉子。

拜访一开始就很失败。这位人事副总裁，对他的推销不感兴趣。他于是立即向联系人汇报了他的担心，并请求帮助。结果他如愿以偿。片刻之后，大家已经达成一致，公司终于拿下了订单。

该销售员成功的原因有很多，但最终能成功的原因有三：第一，他确保把那位副总裁推销出去；第二，他的行动始终遵照事先建立好的决策框架；第三，对每次可能出问题的会面，他都一一汇报。

由于他建立了沟通生命线，那位副总裁才得以在其公司内达成共识。一个友好的内部知情人可以帮助你避免出错，带领你走出销售的迷宫。

给财富的火车设个停靠站

原文：《象》曰："有孚挛如"，不独富也。

释义：《象辞》说："具有诚信的德行与别人紧密联系并互相帮助"，表明要与人共同富裕，不独自享受富贵。

释例：畜的本义是指田中作物茂聚，引申为蓄积、畜养、家畜等义。小畜指小田劳作之事，大畜指大田劳作之事。东西没有积聚到一起时是分散的，还在活动之中；一旦积聚在一起，就像稻谷积聚在仓库里，也就停止运动了。所以公司在经营过程中肯定会有暂时效益不好的阶段，经营者要建立信心，阻力总有冲破之时。

1、计划和能力的虚与实

复自道，何其咎？吉。

——公司经营遭遇挫折，先暂时进行战略收缩，待时机出现再扩张。

在心里筹划的方案叫做计，有力量将计付诸实施的叫能。还在心里谋划的为虚，见诸于行动的为实。有能就能将计划变为现实，即便是计划不成熟也能使其完善。没有能就无从计议，即使是好的计划都会落空，运筹的计划不能实现就没有实际意义。制定计划必须考虑自己是否具备相应的能力，不仅进攻要有能力，战与和要有能力，即使是败走、投降、战死也要有必要的能力。因此善于用兵的，要查明本国的力量、军事战备以及经济情况，在与敌人进行比较后再来制定相应的对策。英雄和多谋善断的人也有束手无策的时候，也有才华难以施展的情况，这是由于力量不足为形势所迫，他

的能力也随之不存在了。窘迫的人，他潜在的力量不能施展时，就只有处处受制。无计可施时所能想出的办法，就只有躲避这一招；没有智慧所想出的计谋，就只能是笨拙的方法；没有能力所能做到的，就只有屈服于人。像有的动物那样，有角并且很锋利，有爪并能对敌击刺，这时就不要再窘迫了。

没有永远的赢家，也没有永远的输家，公司经营遇上不顺时，经营者要审度时势，来个避、逃、屈，尽量避免"强出头"。

当经营者面临危机时，可能片刻之间会觉得世界好像不一样，赞美的声音消失了，取而代之的是要常见到一些债权人等"难看的脸"，这时如果能稳住自己，设法解决问题，不要先想"三十六计走为上策"，或可扭转一些不利的情势。

2、注意通融内外关系

舆说辐，夫妻反目。

——公司做业务不可操之过急，应从理顺内外关系入手。

某公司一位经纪人和他的委托人已经建立了非常好的个人关系，这时候，公司派另一个人来代替他，继续为这位客户提供服务。让我们假设你就是这位经纪人，那位超级明星在他所有的个人事物方面都需要你亲自为之处理。然后，再让我们假设你在处理那位超级明星的事务中所显露的娴熟技巧，已经使你的上级领导机关为之叹服，并且决定提拔你到更重要的岗位上去。这样一来，你能够为那位明星服务的时间就会越来越少。很显然，你需要另一个人来取代你原来的位置，由他来为那个明星提供服务。根据经验来说，很多人在委派新人来为老客户服务方面的做法是十分不得体的。是的，他们是仔细考虑过应该委派谁来接替这份工作，但是，由于急着去做其他更重要的事情，他们一般喜欢尽快把这件事情搞定。

他们没有足够的时间去为调整与委托人的业务关系做准备，也没有用足够的时间去引导委托人自己主动提出换人的要求。这种做法过于强调自身的利益，而忽视了客户的利益，是不妥当的。

如果一个决定的做出会影响委托人的心情，你应该主动抽出时间去说明一下。越是重要的委托人，你就越是有必要这样做。

3、抓住微妙，争取对手

有孚，血去惕出，无咎。

——选择合作伙伴要慎重，否则很容易反目成仇。

争取对手的亲信为我们通消息，争取对手的部队为我们作内应。对友好的国家进行团结，使它能为我们作声援，对四周的邻国进行团结，使它能帮助我们打击对手。想要在世界上称雄，必须广泛地利用世界上各种可以利用的因素，没有听说单靠自己的力量而成功的。可是这些争取利用的各种力量也不是绝对可靠的，使用时一定要防备中途变化。要给对方以好处，同时还须有力量足以控制它们，才可以运用争取团结的策略。

在现代条件下，通讯、交通手段高度发达，各国间的贸易往来日益频繁，从而使世界各国的政治、经济联系愈来愈紧密。有人说，自从通讯卫星和载人飞船出现之后，地球显得小了。在今天，不论地球上哪个角落发生一场局部战争，都肯定会牵涉到其他国家的政治经济利益，都不能孤立地仅仅看作是交战国双方的事情。

国家之间没有永远的对手，也没有永远的朋友，公司之间的关系亦常常处在"是对手也是同志"的状况。

在市场上彼止竞争时，公司之间的立场是敌对的，谁有较高的市场占有率，谁的业绩就可能提高，但如面临一致的利益时，相关公司则又要联盟一致对外。同行之间的关系实在很微妙，如何彼此处理得好，就要靠公司经营的手腕了。

循循善诱，智驭部下

有孚挛如，富以其邻。

——经营者平时为人宽容大度，一旦公司陷入困境，自会有员工协助。

对有才能的人以循循诱导来发挥他们的长处，以威慑的力量来抑制他们的短处。如果作战一定要找到全才任用，天下能有几个？战争不是慈善事业，对作战有用之才，往往也是有害之才。例如，勇敢的人一定凶狠，武艺高超的人必定嗜杀，聪明的人势必狡诈，善谋的人肯定会忍耐，隐藏企图。作战不能不用上述勇、武、智、谋之人，也就不能不用狠、杀、诈、忍之人；相反，不用狠、杀、诈、忍之人，也就没有勇、武、智、谋之人。因此，善于统驭的人，要能利用他们的长处而不让有害的一面发挥作用，能从他们身上得到好处又要杜绝他们的危害，（如能做到这样）那么天下就没有不可用之才。为此，在一定条件下，对来投奔的仇人要能容纳，贼寇可以招抚，盗贼可以举用，甚至对见义勇为

触犯了王法的，以及少数民族、边远地方的人，都可以任用。

"驭"即驾驭，统驭，指主将对部下的使用和制约。与"任"字条相似之处，都讲关于用人的问题，但强调的侧面不同。"任"字主要讲因人施用；"驭"字则讲的是控制部下，用其长而抑其短。既能让部下独立决断，充分发挥主动性，又防止他们违抗将令背叛自己。

公司的主管，若善于驾驭部属，则部属将竭尽心力，为公司发展而努力。"兵经"中说："勇者必狠，武者必杀，智者必诈，谋者必忍"，公司用才也是如此。有智谋、肯冲锋的人，也可能是狠诈又不顾一切的人，用其长处对公司有帮助，若为其另一面所损，则公司也将受到伤害。

善"驭"部下，又善被上司"驭"的人，必定是一个成功的职业工作者了。

称霸天下的动力之源

原文：《象》曰："素履之往"，独行愿也。

释义：《象辞》说："心地纯朴，品行端正，处处

118

小心行事"，表明要专心致志，遵循礼

仪实现自己的意愿。

释例：履是指实践、实行、经历，也就是履行。人的实践和行为，是外在的；内在的是礼与理。礼与理是实践与行为的准则，无论你经营什么，为商之道必须言行一致，表里如一。

公司在事业开拓阶段，应小心谨慎，脚踏实地，避免冒大风险。

4、以人事定进退

素履往，无咎。

——公司只要运用正当手段参与竞争，就不会有过失。

兵家不可没有根据地强调忌讳，否则遇到有利的情况就不能加以利用；不可没有根据地强调凭借，否则军队的士气就没有激励。因此，所谓的"玄女力士"之阵，不要去探求，"活曜遁甲"的学说，不要作为行动的指导，"孤虚风角"和"卜卦算命"的学问，不要去研究。如能这样，遇到疾风暴雨，迅雷闪电，旗断马惊，就不会感到疑惑。根据人事来决定部队的进退，以当时的实际情况来决定军事机宜。天怎能胜过对人事的

正确决定，气候的突然变化怎能动摇全军众志成城的决心呢？指挥员要充分发挥主观能动性，去把握战争的机运，争取达到胜利的彼岸，首先要在战争观上反对天命论，进而在用兵方面排除奇门遁甲之类的邪说。

"辟"指的是要"辟"开天意或禁忌之说，以人事定进退，以时务决军机，老是受禁忌、天意的影响，则会失去进军的良机。

揭子认为"人定有不胜天"，俗语也说"谋事在人，成事在天"。但是如果什么都靠天，还受一些迷信、鬼怪、灵异的影响，那就会失去良好的战机了。

《封神榜》小说中，谈了许多鬼怪对作战的影响，那只不过是幻想小说罢了。

买房子不能买"丁字路口"的房子，但医院等，则宜选丁字路口，这似乎是人们一般在选择房地产时熟知的"禁忌"。

商战亦如用兵一样，不能被民间的诸多禁忌约束经营。商战中真正的禁忌，则是自身中不利于竞争的毛病和弱点，如沉溺于酒色、不讲信用、患得患失、盲目乐观、意志消沉等，都是最大的"禁忌"。

2、步步慎重，稳中求胜

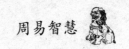

履道坦坦，幽人贞吉。

——在公司经营过程中，顺应市场规律，不要急于求成，而要稳中求胜。

在已经取得的巨大成绩面前，比尔·盖茨并没有变得不可一世，而是依旧步步慎重，头脑清醒。

如今的微软公司全面转型向新媒体发展，在不到一年的时间内，已由一个单纯的电脑公司，成长为一个新型的大传媒帝国。

比尔·盖茨先生已经被人们视作了传媒大亨。人们都承认比尔·盖茨先生是新一代的传媒之王。从软件大王到传媒第一大亨，比尔·盖茨只花了不足一年时间。

不久的将来，在基于电脑科技的大媒体世界当中，其核心是互动通讯和数字化技术，所有的信息——无论娱乐或新闻，甚至学术知识，从文字、图形、数据、声音到视讯等，都可作数字化处理，通过电脑及网络储存传输。

随着世界各国"信息高速公路"的不断发展，这场全球性的革命已经开始了。而微软凭借自己的电脑软件优势已经占据了绝对控制权。即使在这样的情形下，比尔·盖茨仍能够保持清醒的头脑，以稳健的作风，谋而

后动。

微软公司一方面迅速在互联网络领域建立事业，积极与媒体公司多层次地开展合作，大力扩充线上服务，并且与电影圈人士合组制作公司，更花费巨资与 NBS 合作创办网络电视新闻服务。

另一方面，微软公司还采取多头并进方式，构筑传媒帝国的基本框架，此时的比尔·盖茨表现出十分谨慎的态度，他只是公开表示以电脑软件业务为主，只希望做一切有助于个人电脑普及的事，而并不表示要控制娱乐界，或者建立媒体王国。

比尔·盖茨先生看到，电脑软件业未来仍有很大的发展空间，微软公司的事业还有很多机会，那么又何必在这时寻求公司转型？所以比尔·盖茨有一贯的稳健作风，除非真正看到跨进娱乐事业比发展软件业务更有利可图，否则微软公司不会急于做新媒体之王的。

3、靠勇、智、德取胜

眇能视，跛能履，履虎尾，至人，凶。武人为于大君。

——及早舍弃那些有勇无谋的人，而重用有勇有谋者。

122

凡是获得作战胜利的，有的是靠勇敢，有的是靠智谋，有的是靠德行，有的是屡战屡胜，有的毕其功于一役。战胜勇敢一定要用智谋，战胜智谋一定要用德行，胜过德行一定要修行比敌更高尚的德行。善于打胜仗的，不只把眼光盯在几次局部的胜利上，而是竭尽全力确保决战有胜利的把握。如果只图眼前的丁点利益，徒劳去挑动激怒敌人，促使敌人的团结，使我军产生骄傲轻敌之心而轻兵冒进，瓦解我军的战斗意志而动摇根本，这是不能取胜的。

"胜"字主要从战略全局上讲夺取胜利的一般原则。取胜的主要因素归之为"三字"：勇、智、德。勇：指将士的勇敢精神。智：指将帅的谋略水平。德：指国家的政治因素。三者相比，最重要的是德，其次智，其次勇。而今，"威慑战略"已引起普遍重视，实现利益的非军事手段大大增多，天空战场的优势与主动，影响和制约着陆战场和海战场上的军事行动，这就要求军事家更要注意放开眼界，来认识和寻求"务全胜"的战法。

在社会上成功的公司或个人，不但本身"得意"，社会也会给予尊重与喝彩。作战要靠勇、智、德取胜，胜还不是小胜而要全胜，商场争胜也要以全胜为目标。

如果获得一些小胜就沾沾自喜，走路的样子也变了，骄气之下就会"轻进"，反而会遭更大的失败。因此，有志经商者，若经一番奋斗获得小胜之后，就要沉住气再追求更大的胜利。

4、重视倾听员工意见

决履，贞利。

——经营者要广泛接触员工，不可独断专行。

重视倾听每一位员工的意见。当公司规模较小时，经理和公司内所有的员工都能保持密切的工作关系，因为经常倾听别人的意见并不是一件很困难的事。但是，如果公司拥有几万几十万名员工的话，若以同样方式去倾听员工的意见，实际上已经不可能了，时间和精力不允许。但尽管如此，每个人还是和从前一样重要，必须有人去倾听他们的想法。

可行的解决方法就是使经营人员铭记在心，通过不断的训练，记住倾听是件重要的事。

美国一家大公司实行一种颇有特色的方法：召开推销会议时，设立一个"你说我听"讨论小组。这个小组由一群公司主管们组成，包括行政部门、营业部门、制造部门、行销部门和研究发展部门的副总裁。在开讨论

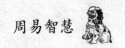

会期间，他们仔细聆听每一个指导员提出的问题。

借着倾听下属的意见，我们能够开发出顾客真正需要的产品。因此，只要管理阶层真心想做，市场是一定可以开辟出来的。

有一位销售经理，每星期至少召见一次手下的35位销售代表。所以尽管他未亲自接到顾客的电话，但经常和他的推销人员沟通，使他能够赶得上他那一行的步调。另一位手下有40位销售代表的经理，则是每周不限定对象地打25次电话给他的部属。"情况如何？"他以很友善的方式询问他们："我能为你做什么呢？如果你有任何问题，尽管提出来。"他表达得很清楚，尽管再忙，他总是会抽空听取他们的意见。如果他实在没空，在就寝之前，也会抽空去打个电话给他的推销人员。

明亮的眼睛看前途

原文：《象》曰：天地交，泰；后以财成天地之道，辅相天地之宜，以左右民。

释义：《象辞》说：《泰卦》的卦象为天下地上，

地气上升，乾气下降，为地气居于乾气

之上之表象，阴阳二气一升一降，互相交合，顺畅通达；这时要掌握时机，善于调理，以成就天地交合之道，促成天地化生万物之机宜，护佑天下百姓，使他们安居乐业。

释例： 公司经营正蒸蒸日上之时，经营者要注意不断创新，以求进取。

1、高层战略建立在基层行动上

无平不陂，无往不复，艰贞无咎。勿恤其孚，于食有福。

——公司经营业绩的提高，是经营者与各层员工共同努力的结果。

伊士曼化工原料国际有限公司完全依靠非财务标准实施战略。这是一家拥有 50 亿美元资产的化工生产商。使该公司脱颖而出的是，公司经理人在高层推行他们几年来在基层发展的经营哲学：全面质量管理，由此慢慢形成了一种自己的方式。

伊士曼公司的事实表明，质量管理的原则，如数据收集、不断反馈和持续学习，类似于卡普兰、诺顿以及其他持相同见解的业绩顾问所提倡的业绩测量原则。公司的公司发展与战略副总裁 J·塔克特指出，伊士曼的经理人团体与公司其他人员一样遵循着持续改进周期。

伊士曼采用业绩标准实现战略目标时，采用于许多与其他公司同样的方式。不过，其质量流程显示出伊士曼公司的独到之处。在发展高标准的同时，伊士曼公司努力"把这些标准与我们的战略意图以及顾客、员工、投资者、供应商和公众等五大公司利益关系人联系在一起"。

伊士曼于是在公司内逐级实施这些标准。"相互维系"的团体建立相互维系的的标准；高层团队是由 11 位成员组成的经理人团队，为整个公司制定高标准。经理人团队的每位成员又分头带领一个团队，制定出自己的标准。这些标准都是依据相关高层标准制定的，如此这般逐级落实到第一线。

每个访问过伊士曼的人几乎处处都会感受到这种观念。在工厂的控制室里，告示牌上是手画的控制图。到经理人的团队会议室里，又会看到滑动墙板上展示着许多手工填写的最新信息图表。其中两个图表追踪的是安全性，6 个图表显示高层经理拜访顾客的追踪记录。还有一些图表则反映影响投资回报的所有标准项，如顾客

满意度、销售收入、人工开支等。

这种对业绩测量的追求给伊士曼的经理人带来价值无限的益处。他们可以用一种可靠的数据库方式来监控战略，并在需要时中途予以修正。还有一项主要的好处是，使大家有动力，众志成城地一心支持各项决策。

以前，伊士曼在不同部门为不同员工制定不同的标准，并根据这些标准确定浮动薪酬。1994年初，伊士曼决定对所有员工采用一种浮动薪酬标准，那就是投资回报。他们相信，这样会使公司上下心系一处。在公司制定重大决策，如关闭一间公司时，员工就能更体贴公司，会意识到良好的资金运作有利于他们的切身利益。即使公司小有举措，员工也会这样想，会更在意钱花得明智与否。

财务总监弗吉尔说道："这就是员工的主人翁精神。"之所以有这种主人翁意识，是因为公司有一种经营体制，把高层战略和基层行动结合在一起。也许，这就是为什么伊士曼1995年能够获得3.46亿美元的经济收益，比投资成本高出13.2个百分点。对于一家公司而言，挣大钱的捷径就是紧抓影响公司底线收益的一系列测量标准，而不是着眼于底线收益，这种公司的收益的确不错。

2、预则立，不预则废

翩翩不富以其邻，不戒以孚。

——公司在效益好的时期，经营者要居安思危，保持忧患意识。

无论干什么事，预先没有思想准备，困难突然来临，就会心慌意乱，仓促应付却不能周密计划，这是失败的征兆。

凡事预则立，不预则废，这是中国古代先哲们的格言。在用兵法则上，"不打无准备之仗"。

在商战中，预，就是市场调查、产品测试、可行性分析、综合研究等，事先不了解市场，不知道消费者需求，也不清楚竞争对手的状况，就凭公司经营者个人的一时冲动，贸然投资立项，盲目推出产品，如此没有充分的"预"，将难以在市场上站稳脚跟。

当今科学技术日新月异，随着未来科学的发展，各种预测方法科学化、定量化，人们不仅可以预测到气候、地质、天体的变化，运转的大致趋势，而且对纷繁复杂的商场变幻，也能做出较为准确的预测。

例如：美元贬值，石油价格增长，银行存款减少，

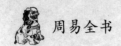

利率愈来愈高，这些现象的出现，会使人们感到受不了。如果事先能预测到事态发生的可能性，就不至于在事发后感到苦恼和艰难了，也许还会趁机而大发横财。

据说未来20年间能源价格会降低，这是由于核子融合成功的结果；科学发展到某种程度上，金钱将不成为人们的第一要求；汽车的发展目标将是全塑料型的；奶油、蔗粮、煤炭和木材、石油等，将会被人造合成物所代替……

3、关心的力量

帝乙归妹，以祉元吉。

——无论是公司合作伙伴还是公司员工，经营者都要以诚相待。

差不多所有精明的老板，都认为关心员工是公司的一件大事。

在神户的一家华人开的夜总会里有一个员工，在来这里工作之前，他曾经在好几家外国人经营的公司服务过。但他运气太差，无论他怎样努力工作，这几家公司的老板都认为他不听话。他们总是不说明理由，便随便开除员工。

他工作的最后一家公司，老板以遗失东西为由，把他和所有有嫌疑的人都炒了鱿鱼。此后，他才来到这位华侨开的夜总会谋生。就是这名员工，在他上班的时候，看见办公室的桌子上摆放着一个大蛋糕。他并没在意，一会就把这件事忘记了。

突然有人通知他说："你太太马上就要到公司来，是董事长请来的，听说是为了一件非常重要的事。"

这位员工心中猛然一惊，忐忑不安起来："又出了什么事？"

就在这时，公司广播通知所有员工到办公室去。董事长步入办公室兴高彩烈地宣布："生日宴会现在开始。"

而公司里只有他一个人是今天过生日。于是他机械地坐在被指定的中央位置上，而妻子被安排在他的旁边椅子上坐下了。

桌子上面放着他上班时看到的蛋糕，上面用巧克力写着他的名字。他的眼睛湿润了，自己的生日都记不得了，董事长却在百忙之中亲自来主持宴会，他有点受宠若惊。

董事长又接着宣布公司特许他休息一天，带太太出去玩一玩。

从此以后，他更加努力地工作。

4、智不备于一人

城复于隍。勿用师。自邑告命，贞吝。

——对员工始终要有包容心，选贤举能，培养新人。

用兵不能没有谋，无谋则不能作战，同样，商场亦需要谋，每个成功的企业家背后都有一群杰出的谋士。

"兵经"主张"深事深谋，浅事浅谋"，公司在制订谋略时，也要有轻重缓急之分，还得以本公司的状况制定相应的谋略，决不能全盘移植其它成功公司的经营策略。因为各个公司间存在"事"与"机"的差别。别人的"谋"只能作为参考，真正的"谋"还得靠自己去运筹。

"智不备于一人"，谋必参诸群士。作战时要有"参谋科"、"参谋部"，商场需要"智囊团"。某名人、某企业家发表著名的演说，演说稿正是"谋士"们的大作。谋士是无名英雄，是公司成功的幕后指挥。大公司的经营，要将公司领导得有条有理，必须建立并运用"分权"的制度。

1985 年美国《幸福》杂志一篇文章题为"建立分

权单位是公司成功的重要因素”，主张公司建立一些小组和一些分权单位，这是公司取得卓越成绩的一个至为重要的因素，美国一些公司主张的这些分权的小单位人数从 200 人到 500 人不等，这样能产生神奇的经济效果。日本许多公司有一些非常庞大的生产设施，但它们的特点是有组一级的编制，公司把重点放在有 10 名至 40 名职工的“科组工段”一级上，这些小单位有相当大的自主权，采用小组方式完成的工作量大大提高了。

赢局是一场信心较量

原文：《象》曰：天地不交，“否”；君子以俭德辟难，不可荣以禄。

释义：《象辞》说：《否卦》的卦象为地下天上，为天在地上之表象。天在极高之处，地在极低之处，天地阴阳之间因而不能互相交合，所以时世闭塞不通，这时候君子必须坚持勤俭节约的美德，以避开危险与灾难，不能谋取高官及丰厚的俸禄，去追求荣华富贵。

释例：否，一是否定的意思，一是不善的意思。不善、不通，阻挡、阻塞，与泰正好相反，泰是通，否是

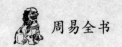

不通，这就是泰极否来。为什么会否来？这是大自然季
节的转换，自然现象；另外，在市场竞争中也有这种现
象，泰极否来，否极泰来，这是事物发展的规律，也是
事物矛盾在不断的转化。泰了就转否，否了就转泰，它
就是这么一种周而复始。经济不景气情况下的公司经营
之道——负债经营，或能赢得商机。

1、仅有技术是不够的

拔茅茹，以其汇，贞吉，亨。

——公司老总尽管身处公司高层，但要意识到高层
内部的斗争也是存在的，惟有内部一致，公司才会有所
发展。

当一项实业壮大时，就要做无数重要的决定。这便
意味着高层人物一手包办的方式必须有所改变，而朝集
思广益的路上走，发展为财团法人的公司策略，而又不
违背原有的利益目标。

而且，如果公司想发展企管技术，那么，它应该鼓
励各级主管以管理自己事业的心情，去管理他们所负责
的特定利益的范围。然而，这种独挡一面的做法，又需
要主管对本行有专业的知识，既晓得如何管理、发展他
们所掌握的营利范围又懂得训练能干的部下，激发其工

作斗志。

事实上，一家发展中的公司，其经营训练与管理的工作，是永无止境的，而成功的经营训练，其先决条件就是管理者勇于负责。他要是没有这种体会而奢谈经营，则必会招致失败。不过，所谓首脑勇于负责，并不止于会议室里的纸上作业，他们须同时采取各种实际行动，投下大量时间与金钱，才能有所回收。而且，他们所拟定的计划应该包括创造性、迂回性的思维训练，使之能落实在实际的生意事务上，从而促成企管技术的发展。如果这类发展能行之于基层单位，则主管们既能改善上下级的关系，又能开发生意机会。

但是，一个机构所创造的经营系统除非能提供并善用机会，不然，发展企管技术乃是徒劳无功的。在这里，我们看出各级主管的重要性。如果他们拥有独当一面的机会，那么他们就更可能去争取业绩，这也等于替公司赚进更多钞票。由此看来，一个机构必须创造更佳的经营条件，使主管们能尽量发挥其企管技术。

2 让好消息走进会议室

包承，小人吉。大人否，亨。

——经营者应加强自身修养，并提高能力。

　　安然的董事会当初是怎么想的？在这间公司里发生的所有臭名昭著的罪恶当中，最让人不可理喻的事件是：董事会为什么会为了留住首席财务官安德鲁·法思托而置公司的道德、声誉于不顾。而且，"既然明明知道这一授权将涉及到如此巨大的风险，董事会就有义务仔细调查和留意随后的所有交易，但是他们没有这么做。"董事会的特别调查委员会在一份报告中这样写道。

　　尽管近十年的尸位素餐让人咋舌，但是安然的董事会并非什么特别的变态者。一个遗憾的事实是：大多数公司的董事会都无助地生活在管理层的阴影之下。"除非所有的事情都已经被修饰得尽善尽美，否则我是出席不了董事会的。"施乐的一位前高级执行官说。"你只能带着好消息走进会议室。只要开会，肯定是形势一片大好。"宝洁公司前 CEO 约翰·斯梅尔也曾经说过："除了管理层告诉他们的那些东西之外，董事们对公司真的知之甚少。"

　　要想改变这种状况，惟有董事会主动去要求了解更多的真相。"要知道，作为 CEO，他肯定希望董事会会议都是谈笑风生的茶话会。"梅诺说，"而你必须这样对他说：'听着，我是一个大忙人，我没功夫来听你讲那些莺歌燕舞的消息。我要你告诉我的就是坏消息。'就像罗伯特·杜瓦尔在《教父》里面说的那样：'我必须赶去机场了。教父这个人喜欢马上听到坏消息。'这一条真应该写在每一家公司的经营守则上。"

3、让自己远离误区

包羞。

——矛盾面前，应避免卷入是非，跌倒了，只能待机再起。

并非做任何事，做任何决定，我们都能保证没有一点失误，而绝对正确。每个人都一样，常常在情况不明之中做出错误的决策。容易被误导的情形主要有以下几种：

（1）情况不明。有位经理从不认为与之打过交道的人都要记住自己的名字。每当第二次见面时，如发现对方已记不起自己时，总是主动上前自我介绍，以避免重提过去的事使人感到难堪。

类似情况时常在商务谈判中出现，有人因为初次见面的拘谨而不好意思将自己不清楚的地方。

提出来，就参加谈判，甚至不认真思考就匆忙决策，而没有仔细反省一下，这样妥当吗？

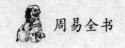

（2）真理并非在多数人手中。靠团体的意见来决策并不能保证完全正确。在讨论中，坐在会议室的人都讲同样的话并不是件好事。这里面必然有其他因素作怪。当老板讲完或同仁发言时，迫于老板的威严，不愿与同仁争执而伤和气，不少人总是予以附和，讲出雷同或不痛不痒的意见。这往往会使会议主持者和决策人难以了解真实情况，靠此作决定自然会脱离实际。

这种随大流的思想，不过是犯了"多数人的想法不会错"这种认识上的错误。正确的做法是，认真听取大家的意见后，经过论证和思考，等人都走后，自己再作决定。

（3）别为美妙的饰言迷惑。有两个投资合作项目，一个成功的机会是80%，另一个有20%失败的可能，你选哪一个呢？实际上这两个项目成功与失败的机遇对等，只不过前者只提成功，后者强调了失败。但常理中，多数人总会选中前者，原因很简单，成功的字眼顺耳，使人兴奋。精明的销售员会用自己的口才去向顾客描述产品的优质、齐备的功能，以讲"好"来推销。但聪明的顾客将不会为这表面现象和技巧所诱惑，他会根据多方面的观察做出自己买与不买的决定。

（4）不过分迷信经验。许多商人总爱用老办法来处理新问题。实际过去的辉煌已变为历史，不一定就适合当前已经变化了的世界。如果你仍用以前的框框来指导目前的生意，期望从中找到共同之处，那只会使你失去更多认识新事物、把握其特殊性的机会。因此，正确的原则是：过去的经验是成功的总结，但并不一定就是包治百病的灵丹妙药。

（5）不忽略基础数字。当主管的人都有这样的体会，与基层员工交朋友，会使你得到更多在高级职员中听不到的信息。真正准确的报表应该是来自各个车间工段。有不少的经理，却往往忽视了报表的作用，对来自各方的信息和数字，只要与自己的主张对路，就认为业务上没问题了，而不愿多下些功夫去挖掘更深一层的情报资料。例如，总经理问销售经理："这个月汽车销售情况如何？"他回答："行情不错，已有 50 辆车被客户预订了。"如果掌握的信息更多，就会汇报说：这个月的销售量与上个月或与去年同期相比情况怎样，与竞争对手比较又是如何；从 50 辆车的选型看，哪种品牌、哪种价格的车行情看好，我们应采取哪种促销手段就能卖出更多数量的车，等等。这些情况，对于每一个承担

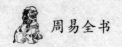

推销任务的人来说，都应该经常掌握。

4、冒险需要预先估计

有命无咎，畴离祉。

——要脱离公司困境，不但要努力积累自身的实力，经营者还要充分寻找和把握机遇。

对于成功的总经理来说，掌握冒险机会和愿意冒险同样重要。在采取冒险行动之前，大部分总经理都深入市场和深刻了解竞争者的反应，彻底掌握外部环境的影响，以便预先估计可能出现的不利形势。更重要的是，这些总经理头脑能保持清醒，有应急的计划来处理失败的可能性，并争取使不利形势变为有利形势。

帕尔公司是一个好例子。在帕尔公司成立初期，总裁兼总经理克拉斯纳夫至少三次不得不卖掉已兼并的和新成立的公司，而且每次他都不亏本。他化整为零地卖掉了一个不赚钱的热交换器厂，卖掉了玻璃纤维厂，因为该厂达不到经营目标；还卖掉了刚兼并的抽水机制造厂，因为它的资金周转不灵。

成功的总经理之所以乐意冒险，部分原因是因为他们觉得会交好运。调查中，21%的总经理认为他们比竞争对手幸运一些，60%的总经理认为，碰到好运气在他们的成功里起了一定作用，甚至是非常重要的作用。

就像是帕尔公司的创业者之一的帕尔博士一样，碰到克拉斯纳夫是他的运气，也是他的机会。如果他没有克拉斯纳夫那样的经营管理人才帮助他创业，单凭他的过硬的科学理论和技术所做出的贡献也成不了什么大的气候。

所有公司都是同样过来的，上帝不会亏待每一个人。区别在于，当这种机遇来临的时候，他们是否具有马上识出它的灵感和利用它的坚韧不拔的精神。某些领导者的成功，是因为他们有抓住良机的能力，并且有抓住机会死死不放的魄力。所以幸运之神总是对他们特别优待。

5、对前景充满信心

休否，大人吉。其亡其亡，系于苞桑。

——当公司经营情况马上要发生质变时，经营者更要时刻具有忧患意识，否则功败垂成。

一系列研究显示，人们在经历长时间的成功后，较难做出明智的决定。正如有的学者所指出的，成功者不容易放弃自己的想法。在科技股热潮时备受追捧的思科公司，尽管后来其股价狂泻，需求下降，同类相继受挫

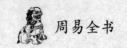

等迹象日益明显，但总裁钱伯斯觉得，既然思科以往能连续40季度保持增长，不信将来保不住这个势头，因此过分强调"对前景充满信心"，在2000年12月仍预测有50%的年增长。

2001年的春天，一个似乎与失败绝缘的季节，思科猛然遭受了惊人的重挫，之所以说惊人，不仅仅是因为其速度之快、数字之大（它的股票一年之内跌了88%），而且因为它不是一般的公司，它是一向被人们认为前途无量的思科。而人们之所以有这种预期是基于一个能量被过分夸大了的信息技术系统：在互联网狂潮的喧嚣鼓噪中，人们觉得这个系统完全能够让思科的经理们"实时"地掌握供给与需求，保证他们能够做出精准的预测。结果呢？技术的确是伟大高明的技术，无论从哪个角度来讲都是。可预测却失灵了。为什么？因为思科的经理们从来就没有考虑过万一这个预测模型当中一个关键的假设不成立的时候方程的结果会怎样。这个假设就是：增长。也难怪啊，一家已经连续40个季度保持增长的公司，你有什么理由怀疑它的明天会更好呢？

不但如此，直到已经有迹象表明大事不好的时候，思科的管理者们还沉醉在这个玫瑰色的假想之中。公司的客户开始倒闭，供应商们也在发出警告：需求可能会萎缩，竞争对手纷纷落马，甚至连华尔街都在怀疑网络设备市场是否已经急转直下。而此时思科在想什么？"对于整个行业以及思科的未来，我从来没有什么时候比现在更加乐观。"这是 2000 年 12 月约翰·钱伯斯的原话，当时他还在预测第二年公司的业绩又会有 50% 的增长。

钱伯斯到底怎么想的？在波士顿学院社会学家黛安娜·瓦汉的《挑战者号发射决策》一书中曾经提到，人们是不会轻易让自己的思维模式投降服输的。"就算他们觉察到有一些不对劲的迹象"，她写道，"人们也常常会把它置之脑后。直到最后他们最终碰上了一桩强烈到无法忽略，清晰到无可辩驳，痛苦到无可置疑的事实，而且这一事实残酷地验证了先前的那些征兆时，才会迫使他们打破自己长年累月、小心翼翼建立起来的心目中的世界。"

对于豪情万丈的钱伯斯来说，不到 2001 年 4 月份，铁的事实就来了：一落千丈的销售业绩迫使公司吞下 250 亿美元的闲置库存，并且裁员 8500 人。

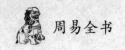

共同制造一块大蛋糕

原文：《象》曰：出门同人，又谁咎也！

释义：《象辞》说：一出门便能与人和睦相处，又有谁会来危害你呢？

释例：与别人的公司多实行战略联盟，以求双方效益共同提高。

1、审时度势，远交近攻

同人于门，无咎。

——合作的对象应在亲戚朋友的基础上加以扩充，致力于战略联盟。

当今世界摩托车销售中，每4辆就有一辆是"本田"产品，从这个数字里可以看出"本田"销售网之大。但如此庞大的销售网却是从日本的自行车零售商店开始起步的。

1945年，第二次世界大战结束，本田宗一郎搞到了500日本军队用来带动野外电台的小引擎，他把这些小巧的引擎安到自行车上，这种改装的自行车非常畅销，500辆很快就售完了。

本田从这件事上看到了摩托车的潜在市场，成立了"本田技研工业株式会社"，决定开创摩托车事业。

一批批可以装在自行车上的"克伯"牌引擎生产出来了，光靠当地的市场是容纳不了的。本田宗一郎面临着如何将产品推销出去的问题。

本田找到了新的合伙人，他叫藤泽武夫，过去是一位对销售业务自有一套的小承包商。

当本田与藤泽商量如何建立全国性的销售网时，藤泽建议说："全日本现在约有 200 家摩托车经销商店，他们都是我们这样的小制造商拼命巴结的对象，一向心高气傲。如果我们要插入其中，就得损失大部分的利益。但同时，你不要忘记，全国还有 5 万家自行车零售商店。对他们来说，既扩大了业务范围，增加了获利渠道，同时又能刺激自行车的销售。加上我们适当让利，这块肥肉他们不吃吗？"本田一听，觉得是条妙计，请藤泽立即去办。

于是一封封信函雪片般地飞向遍布全日本的自行车零售商店。信中除了详细介绍"克伯"引擎的性能和功效外，还告诉零售商每只引擎零售价 25 英镑，回折 7 英镑给他们。

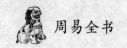

两星期后，13000 家商店做出了积极反应，藤泽就这样巧妙地为"本田技研"建立了独特的销售网。本田产品从此开始进军全日本。

摩托车经销商店离本田虽然"近"，对销售摩托车业务熟，并有广泛的业务网络，但是近而不"亲"。

自行车零售商距本田虽然"远"，对本田产品销售业务不够熟，大多是自行车客户，但是远而有"意"。在"本田技研"的起步之初，"远交近攻"发挥了显著的威力，显然是条上策。

2、寻找盟友，强强联合

同人于宗，吝。

——公司间的合作要在双方自愿的基础上，强迫是不利于双方合作的。

强强联合必须做好五个方面的工作：

（1）制定战略。这项工作通常包括分析环境以明确来自于竞争对手的威胁和本公司所具有的市场机会，核查本公司的资源和生产能力，评估本公司在现有环境下的优势与劣势，然后在共同考虑本公司的长期与短期目标的基础上确定本公司的战略。在战略制定过程中，其关键，一是要明确本公司所具有的使命，这样，公司的长期目标才能随之而定；二是要从长计议，特别注重于相对竞争优势的取得，而不拘泥于一时一地的得失。

（2）评选方案。这项工作几乎同步于战略的形成。事实上，为最后确定战略，公司须对各种方案进行评选，比如是实行兼并战略还是收购方案？公司是依然独来独往还是参加战略联盟？等等。公司在评选这些备选方案时，除了应深刻而全面地领会这些战略方案之外，还须知道实施这些方案将需要的资源以及这些方案将对本公司文化所产生的影响。

（3）寻找盟友。如果以上所制定的战略要求建立一个联盟，那么接着就得寻找一个合适的合作伙伴。理想的合作者应能对联盟起到补缺的作用，比如各方能在工艺技术、市场、资源或操作技能等诸方面互补时，合作的机会就会增大。这就要求严格考察每个潜在的盟友，切忌匆忙择友。同时，应寻找那些与你具有共同经营思想的伙伴，至于合作者的财务状况与组织机构也应是稳定的。

（4）设计类型。建立何类型的战略联盟应贯彻因人制宜的原则，即对每个可能的伙伴，都应相应考虑联盟类型与构成方式。筹划联盟过程中，应由中上层经营人

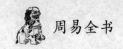

员的参与，这样可取得公司当局对联盟的支持和对联盟活动的协助。此外，应挑选善于在群体环境中开展工作的人担当联盟的管理人员，曾与合作对方打过交道者不失为有利的人选。

（5）谈判签约。联盟类型一旦确定，即将加盟的各方就要坐下来谈判，合作各方就目标、期望和义务等各抒已见，然后在取得一致意见的基础上制订出联盟的细则并签约实施。

3、运用之妙，存乎一心

同人，先号而后笑，大师克相遇。

——经营者应懂得以礼为先。

世界上最伟大的莫过于人，人身中最伟大的莫过于心。心，可以创造一切，可以毁灭一切；可以使我们上天堂，可以使我们下地狱。人心一善，一切的善也会随之而生；人心一恶，一切的恶也会随之而来。善恶的来源，始发于心灵。心灵圣洁，就使人生成为圣洁的人生；心灵恶毒，就使人生成为恶毒的人生。心灵高明，就使人生成为高明的人生；心灵鄙陋，就使人生成为鄙陋的人生。

日本人有习惯用"心"彼此交往的交际方式。这种非语言形式的交往，对有相同文化背景的外国人具有一定的难度。在商业交往中，日本商人"碰碰心"的游戏，是一种防卫武器，外国的商人难以掌握这种游戏规则。因此，日本商人交往中，乐于玩弄这种游戏。

在商业交往中，日本人彼此间使个眼色便完成了一次交流，外国人来说，就是"莫名其妙"了。和日本商人交往，千万不可小觑"碰碰心"的利害。日本商人虽然经常使用"碰碰心"的战术，但这专利不是日本商人的，而是日本文化特有产物。

《日本百事》一书中有这样的记述："日本人认为腹中语言的交流是人际交流的最高方式。一个求助者是不能或不愿直接向朋友提出请求的，只暗示一下即可达到目的。所需要的帮助越大，暗示就愈为隐蔽。朋友当然没有必要硬要他直接讲出来，而是靠心去感觉。因为他们有共同经历、语言和文化，又在同样的社会环境里，所以他们之间不必用太多的语言进行交流。"

日本人对外界有一种本能的防卫心理，尤其是商人。因此对他们来说，用心心相碰来交流比"语言形式"更重要，"非语言交流"是以心的感觉为基础的，

是用两千多年的文化经验堆积起来的。正因为如此，所以对谙熟"碰碰心"游戏规则的外国人更加敬佩。在商业交往中如果你能玩好这个游戏，并能确切掌握这个游戏规则，你就首先从心理上或者精神上战胜了对方。如果一个外国人只能说一口流利的日语，但对"碰碰心"的含义弄不明白，那么，隐藏在一番赞誉背后的，很可能是未表达出来的轻蔑。

4、最大的胜算是双赢

同人于郊，无悔。

——遇到十分合适的合作伙伴，一定要力图合作成功，这会给公司带来很大的效益。

以奥普康营销集团为例，它 1998 年把加拿大卡伯利饮料公司和加拿大二十世纪福克斯电影公司联合起来作奖券推销，通过一部动画片的发布把"加拿大饮料"和"福克斯"这两个品牌联系了起来。该项目的主要参与者获得了突破传统的销售渠道：福克斯公司在杂货店中得以亮相，卡伯利在影带零售店和批发商中赢得注意。

在许多情况下，通过合作，一个品牌有机会借用另一品牌的形象来改变消费者对它的看法，这一点也同样很重要。高德布格称这肯定也是奶拓公司这家奶制品生产商决定与索尼美洲电脑娱乐公司在由詹雷帝营销代理公司设计的促销计划中联手合作时考虑到的因素之一。在该计划中，年轻人购买一支奶拓公司的产品，就有机会赢得一套索尼电脑娱乐系统。该计划实行后立竿见影。对奶拓公司来说这意味着奶制品的品牌上有了增加索尼烙印的机会，使得他们更接近目标。作为回报，索尼在其目标听众面前则增加了亮相的机会。

米勒杰因公司和哈雷—戴维森公司两年的品牌合作就是一个成功的典范。他们的这场联姻始于米勒杰因赞助了哈雷—戴维森公司在威斯康星州举行的 95 周年庆野餐会。此后就引发了在美国、加拿大等 20 多个国家展开的促销活动。品牌合作对重振米勒杰因品牌做出了重要贡献。

运筹管理决定效率

原文：《象》曰：火在天上，"大有"；君子以遏恶扬善，顺天休命。

释义：火焰高悬于天上，象征太阳照耀万物，世界

一片光明，农业大丰收，"大有收获"。在这个时候要阻止邪恶，颂扬一切善行，顺应天命，替天行道，以保护万物性命。

释例：《诗经》里说："自今以始，岁其有。"岁其有，是指丰年的意思。公司在经营业绩辉煌时，经营者一定要鼓励进取精神，杜绝日渐滋长的歪风邪气，以求不断完善。

1、竞争优势的核心能力

无交害，匪咎，艰则无咎。大车以载，有攸往，无咎。

——经营者要对员工进行培训，使其成为勤学好问的人。

杰克·韦尔奇刚从通用电器公司董事长职位退下来，就做起了咨询和培训顾问。在他看来，一个组织的学习能力，是其竞争优势的核心，恰当的技术与影响巨大、以社交为基础的学习相结合，正成为公司成长的基本战略。事实上，营造一种使员工沉浸其中的气氛，使公司成为一个以创新为指向的"学校"，使工作成为"被支付报酬的学习"，就是被称为"韦尔奇主义"的GE文化的核心。

经营学上所说的"学习"是指一个有特定业务组织的学习，与"在校学习"有一定的差异。学习首先是一种对既有状况不满足的心理状态，一种对组织既成的基本商业假设、被认为理所当然的经营理念、组织成员逐渐养成的思维方法的反省和调校的能力，其次才是技能的学习。

韦尔奇认为，学习"就是持续不断地提高公司的基本智力"，它是使公司取胜的东西。而且，要启发人们去学习，因为他们从学习中获得的兴奋和能量是巨大的——这是你怎样去使一个组织变得精力充沛的办法。让学习变得令人好奇，让新老员工童心不泯，让他们说"喔塞"，总是能听到"喔塞"的组织，就是一个永远充满活力和惊喜的组织，一个对"大公司病"有免疫力的组织。

如果一个组织的成员都是沉浸在学习的环境中，那么这个组织就少去很多"办公室政治"。学习欲望淡漠，学习能力低下的人常常爱无事生非。"思想是会跑掉的。但一个组织对学习和分享这种学习的渴望是可以保持的。"最重要的是，不要让学习"躺在那儿"，要让学习成为一种驱动力。单纯的学习容易产

生惰性和偏执，所以要让行动的欲望始终引导和规范学习的欲望。"毫无疑问，要走到人前面去，给他们一个让他们去实现的目标。实现一次，再实现一次……让人总是去实现他无法相信的东西，这无疑是一个组织中能发生的最激发能量的事情。"如果在一个组织内部，人们不是经常感到有许多目标可以实现，这个组织的精神就会涣散，组织的结构就开始僵死又松散。这样的话，这个组织离崩溃就不远了。

2、最大挑战是留住人才

公用亨于天子，小人弗克。

——经营之要惟在知人善任。

谁是公司青睐的"有用的人"？怎样开发员工能力素质？让雇主们、总裁们夜不能眠的事情有哪些呢？国际知名咨询有限公司德勤公司近几年对全球 200 家成长最快的公司进行跟踪调查时，设计了这样一个调查题目，得到一些颇有新意的答案。

这项大型调查已经揭晓。让雇主和总裁们夜不能眠的事情，排在最前面的三项依次是：

（1）如何吸引高素质的人才？

（2）如何留住主要雇员？

（3）如何开发现有员工的技能？

可以看出，吸引和保留雇员是人力资源经营者面临的头等挑战。据调查，各公司花在人员流动上的成本是支付给雇员年薪的 1．5 至 3 倍，56% 的经理人员和 64% 的普通员工每年有 12 次考虑离职，38% 的经理人员和 47% 的普通员工不满意他们的工作。曾经召开的中国人力资源能力高层峰会上，德勤咨询（中国）有限公司人力资源业务总监黎化民通报了这一人力资源调查状况。

"调查反映了很多新的理念变化，比如通过调查'什么样的人是公司的人才'发现，公司开始经历由用'好人'向能实现公司战略目标的'有用的人'转变。"

"传统'好人'的观念是：忠诚、苦干、投入、具备专长；新的'有用的人'的观念是：具备较强的口头表达能力、人际关系处理能力、团队精神、职业精神、分析能力、计算机运用能力。调整人才观的目的，是使公司人才具备公司需要的技能。"

黎化民认为，关注人力资源（HR），要跳出 HR 看 HR，HR 管理是可以变现的，是公司变革管理系统中的有机组成部分，能够为公司创造高附加值，不要把人力

资源仅仅看成是一个时髦的名词或摆设。

据黎化民等一批人力资源专家分析，2002年全球人力资源管理呈现十大趋势：认识人力资源管理的重要性，更加关注业绩，组织架构扁平化、增强灵活性，注重培训、学习和发展，劳动合同出现新意，塑造人力资源管理品牌，行政工作采用新思路、新技术，全球合理化而非标准化，工作安排弹性化，日趋关注个人福利。

3、一个集团，一个家庭

厥孚交如，威如，吉。

——公司经营顺利时要记住有福同享，群策群力。

人与人之间需要以诚相待，老板和部下要心心相印。

在日本，许多商业巨头都是集企业家和哲学家于一身的。他们的思想、品格对公司产生着巨大的影响。他们公司的品质带着他们个人强烈的个性特征。

最具代表性的是出光石油公司的缔造者出光佐三，他公开宣称，他的集团就是一个家庭，既有专制的独裁又有体恤雇员的人道，并以此作为动力推动着公司向前发展。

1962年，年届77岁的出光佐三发表了一篇声明，对日本的家长式经营管理原则作了最好的阐释。在声明中，他做出了这样的结论："今天的世界正进入令人不安的政治混乱和经济混乱的状态中。今后我们应该从唯物主义转到超越物质的人道主义上来，转到团队上来，转到其它事务上来。无论资本主义还是共产主义，个人主义还是集体主义，在这一点上是一致的。日本人民有能力最先解决这一问题，并对世界产生巨大影响。"

出光佐三认为，所谓多数人统治的原则并不是真正的民主原则，这种原则更谈不上人道主义。在他眼里，民主、自由、个人价值、公民解放，只有建立在无私的基础上才会有意义。他把无私看作人类的和平及人类幸福的关键。舍此，都是一堆废话。

日本所有最成功的大公司都是这种典型的家长式公司，但这些"家长"的基本哲学绝对不是"一言堂"，以及家长意义上的独裁主义。出光佐三在谈到这一点时，是这样讲的：

"母亲们把他们刚读完小学的孩子送到我的公司来。我决心代替他们的母亲来培育这些孩子。从那时起，无论在什么场合，我都以一种适当的方式，将我对他们母亲般的爱转化为行动。我从来不解雇员工，因为我们是

一个大家庭。我们不计时间、没有时钟、更不设立工会。我的雇员都有房子住，并且都能领取到家庭生活津贴。我真的把自己当做了他们的母亲，并以母亲一样的态度关心爱护他们。简而言之，抚慰、仁慈能造就高尚的人。我的这种母爱思想，将在我的公司长久地保持下去。"

4、审势、度势、据势

自天佑之，吉无不利。

——经营者按市场情况制定公司的经营决策，必会获得成功。

审势、度势、据势，是争胜之要素。

公司经营固然要以强势覆盖市场，但"小兵立大功"的经营成功商例也不少。所以说："以少邀众"、"破一营而众营皆解"，用在商场上，可解释为势不在大小，而在势是否真的尖锐，才可造成有实力的势。

这里不妨让我们以崇敬的心情来拜读一段陈玉书先生的话。陈玉书先生是香港"亿万富豪"，举世闻名的"景泰蓝大王"。他在他的大作《商旅生涯不是梦》一书中写道：

"我们把这类计谋，用在商业上，往往能挽救危局。商业上的营造声势，是要有条件的，那就是敢于花钱，又花得恰到好处，使外人不知其虚实，以为你真是具有不可估量的实力。"

"我从苏杭街，扩展到荷里活道 195 号地下，租用了 1500 尺铺面，接着在出咸街 44 号地下（连阁楼共两层），开了一家工艺品店，不久，又在加连威老道临街阁楼搞了一个店面，最后又在宝勒竖起了繁荣公司机构的招牌，铺子一个连着一个地开，同时还大卖广告，单是广告费每月就约六万余元。这种手法，实际上就是营造声势，使行家、顾客都注意着繁荣公司这支生力军在香港的出现。"

做大自己先是做好自己

原文：《象》曰："谦谦君子"，卑以自牧也。

释义：《象辞》说："谦虚而又谦虚的君子"，即使处于卑微的地位，也能以谦虚的态度自我约束；而不因为位卑，就在品德方面放松修养。

释例： 经营者要注重谦虚美德。

1、振兴企业的法宝

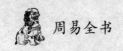

谦谦君子，用涉大川。

——经营者要保持谦虚的作风，虚心接受下级员工的建议。

对于公司来说，最重要和最宝贵的财富就是人才，有了人才，就等于有了新技术、新产品。有了公司的创造力和革新精神，有了公司的生存竞争能力和经济效益，谁拥有最多最好的人才，谁就会在竞争的道路上跑得最快。"人才是公司最重要的资本"，是现代公司经营者的价值观念。

美国麦肯塞公司驻东京办事处前主任鲍罗恩曾经这样说："日本人用了最简单的方法经营着最复杂的机构。日本公司的成功在于：第一，他们把人看作是组织的成员而不是雇员；第二，他们采用分工价值，而不使用严格的程序和控制来指导工作；第三，他们把'远大思想'观点置于公司策略之中；第四，他们乐于听取所有人意见。"

如果将鲍罗恩以上四点再作进一步概括，就是：日本公司在经营和生产中贯彻以人为本的精神，使公司中的每个员工都把自己当成公司的主人。

热爱自己的雇员是经营者最根本的问题。一个优秀的企业家，只有做到让职工们具有充分的自信，"重视人才的开发与合理的使用"，他的事业才能稳步发展。这就是土光敏夫振兴东芝的"法宝"。土光敏夫就是这么做的。

在古稀之年，土光敏夫经常亲临工作现场去视察，他跑遍了公司在全日本的工厂，即使在节假日他也要到所有工厂去转一转，他平易近人，能与所有的员工倾心交谈，打成一片，因此他和公司里的员工建立了深厚的感情。一次，在前往姬路工厂的途中遇上了倾盆大雨，但他坚持赶到工厂，并在雨中和员工亲切交谈，并反复阐述"人是最宝贵的财富"。员工们认真倾听他的每一句话，激动的泪水和着雨水从他们的脸上流淌。此情此景，深撼人心。当他将要乘车离去时，工人们将他的车团团围住，敲着他的车窗高声喊道："社长，您放心吧，我们一定努力工作！"面对这些工人，土光敏夫热泪盈眶。他被这些为自己的公司而拼搏的员工所深深打动，从而更加爱护员工、关心员工。

2、培植力量，注重沟通

鸣谦，贞吉。

——功成名就后，经营者还要保持谦虚中正的品

质，礼贤下士，善于激励。

现代公司都非常注重沟通，既重视外部的沟通，更重视与内部员工的沟通。沟通才有凝聚力。以下是一些值得借鉴的好做法：

讲故事。波音公司在 1994 年以前遇到一些困难，总裁康迪上任后，经常邀请高级经理们到自己的家中共进晚餐，然后在屋外围着个大火坑讲述有关波音的故事。康迪请这些经理们把不好的故事写下来扔到火里烧掉，以此埋葬波音历史上的"阴暗"面。只保留那些振奋人心的故事，以此鼓舞士气。

聊天。奥田是丰田公司第一位非丰田家族成员的总裁，在长期的职业生涯中，奥田赢得了公司内部许多人士的深深爱戴。他有 1/3 的时间在丰田城里度过，常常和公司里的 1 万多名工程师聊天，聊最近的工作，聊生活上的困难。另有 1/3 的时间用来走访 5000 名经销商，和他们聊业务，听取他们的意见。

解除后顾之忧。西南航空公司总裁凯勒尔了解到员工最大的担心是失业，因为很多航空公司都是旺季时大量招人，在淡季时则辞退员工。凯勒尔上任后宣布，永不裁员，他认为不解除员工后顾之忧，员工就没有安全感和忠诚心。从此，该公司以淡季为标准配备人员，当旺季到来时，所有员工都会毫无怨言地加班加点。

帮员工制定发展计划。爱立信是一个"百年老店"，每年公司的员工都会有一次与人力资源经理或主管经理的个人面谈时间，在上级的帮助下制定个人发展计划，以跟上公司业务发展，甚至超越公司发展步伐。该公司认为，一个公司要保持领先的地位，最重要的一点是员工的整体素质能够保持领先。

鼓励越级报告。在惠普公司，总裁的办公室从来没有门，员工受到顶头上司的不公正待遇或看到公司发生问题时，可以直接提出，还可越级反映。这种公司文化使得人与人之间相处时，彼此之间都能做到互相尊重，消除了对抗和内讧。

动员员工参与决策。福特公司每年都要制订一个全年的"员工参与计划"，动员员工参与公司管理。此举引发了员工对公司的"知遇之恩"，员工投入感、合作性不断提高，合理化建议越来越多，生产成本大大降低。

返聘被辞退的员工。日本三洋公司，曾经购买美国弗里斯特市电视机厂，日本经营人员到达弗里斯特市

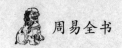

后，不去社会上公开招聘年轻力壮的青年工人，而是聘用那些以前曾在本厂工作过，而眼下仍失业的工人。只要工作态度好，技术上没问题，厂方都欢迎他们回来应聘。被返聘的员工深受感动。

培养自豪感。美国西思公司创业时，工资并不高，但员工都很自豪。该公司经常购进一些小物品如帽子，给参与某些项目的员工每人发一顶，使他们觉得工作有附加值。当外人问该公司的员工："你在西思公司的工作怎么样？"员工都会自豪地说："工资很低，但经常会发些东西。"

口头表扬。表扬被认为是当今公司中最有效的激励办法。日本松下集团，很注意表扬人，创始人松下幸之助如果当面碰上进步快或表现好的员工，他会立即给予口头表扬，如果不在现场，松下还会亲自打电话表扬下属。

3、经理 = 实力 + 威信

劳谦，君子有终，吉。

——经营者的谦虚美德，是涵养领袖气质的前提。

威信是高级管理者刻意追求的东西。没有威信的领导者，比一个普通老百姓还要糟糕。因为，普通老百姓只要干好自己的事就行了，不用借助威信去带领别的什么人去做什么。而领导者不然，领导者不立威，难道让他一个人去干所有的事情？

有人用"经理＝实力＋威信"来概括现代公司经理的特征，突出了实力与威信是构成经理能力的要素。其实，我们总是强调，经理的能力比什么都重要，其实未必尽然。要成为一个优秀的经理，除了拥有超群的实力，还需拥有非凡的经理气质。这种气质，我们通常称之为威信。

威信，可以说是经理头上的光环。失去了它，再有能力的经理在下属眼中也显得一无所有！

因此，要成为一个优秀的经理，或要想获得高超的驾驭下属的能力，都必须拥有魔鬼般的威信。

作为一个经理，你可曾静下来仔细想过以下的经历，并从中找到真正的答案：

（1）为什么有许多人在没有加班费的情况之下，仍然愿意辛勤加班？

（2）为什么总有一批人为你所设定的目标全力冲刺？

（3）为什么总有一批人为你毫不保留地奉献他所有

的才智？

（4）为什么有人心甘情愿，不顾性命，赴汤蹈火？

优秀的经理才能，特别是个人的威信或影响力，这比提供优越的薪资、福利来得重要许多。它才是真正促使人们发挥最大潜力，实现计划、目标的魔杖。

4、构想与超越

不富以其邻，利用侵伐，无不利。

——经营者应充分征集管理层其他人士及下属员工的意见，再做决策。

日本思丹雷电气公司是半个多世纪以来一直同日本经济共命运的老公司，是一家生产汽车灯具、仪表和电子产品的综合性工业公司。现有职工3000多人，资产91.56亿日元，拥有6家制作所的工厂、4家国外工厂以及3个研究所、4个销售分公司和遍布全国的17个营业所，它是日本最大的汽车灯具公司。

思丹雷电气公司从1920年由北野隆春创办以来，经过孜孜不倦的倡导和培养，已形成了公司自己的经营哲学和文化，并充分体现出日本式经营的本质特征。

在刚迈第一步的时候，公司创业人就怀着"成为日本第一"的雄心壮志。思丹雷公司没有像日本公司通常那样以公司创业人的姓为公司命名。"思丹雷"是发现非洲大陆并给非洲带来文明的探险家亨利·思丹雷的名字。其意图就是：思丹雷公司要发扬探险家亨利·思丹雷勇于探索的精神，以自己的灯具为人类带来文明之光。

为此，公司提出"用户第一，供户第一，员工第一，股东第一"的总方针，积极而正确地处理好公司内外部的各种经济关系和社会关系。公司还十分重视公共关系，利用每年举行规模盛大的招待会、新年会、迎春会等来增进感情和协调关系。

同时，公司把宏伟目标进一步明确化，即"我们要集中智慧和力量，树立勇气，使我们公司成为可信赖的公司、充满活力的公司、燃烧着热情的公司和对世界有贡献的公司。"为此，公司又提出了叫做"V：10 将来构想"的奋斗目标，即 10 年后，思丹雷公司要成为"世界优秀公司"，并实现 4 个 10% 的目标，即总资本利润率、销售利润率、销售营业利润率、销售额税前利润率各自都在 10% 以上。

尽管这些指标在日元升值的环境下是不易达到的，但公司总是不断地提出新的指标，以号召公司全体员工

为之奋斗。

5、并购发动机

鸣谦，利用行师，征邑国。

——当公司经营日渐辉煌，可以兼并收购不景气的公司，实现纵横向的延伸。

思科成立于 1984 年，目前已经成为引领当今世界 Intranet 和 Intemet 网络互联产品的巨头，互联网上 80% 以上的骨干路电器均来自思科。在美国《财富》杂志推出 2001 年全美"最受推崇的公司"排行榜中，思科系统公司以其稳健的财务状况和经营管理方面的卓越表现排至第 2 位，此外还拥有信息产业"最吸引员工的公司"，"20 世纪 90 年代最有效公司"以及"全球最有价值的公司"等响亮的称号。

作为一家新兴高科技公司，思科并没有像其他传统公司一样耗费巨资建立自己的研发队伍，而是把整个硅谷当作自己的实验室，采取的策略就是收购面向未来的新技术和开发人员，以填补自己未来产品框架的空白，从而迅速建立起自己的研究与开发体系、制造体系和销售体系，乃至塑造出自己的品牌，使自身的核心竞争力不断得到增强和拓展。

　　并购失败的公司中有 85% 的 CEO 承认，经营风格和公司文化的差异是失败的主要原因。思科公司历史上最大的失败收购是在 1996 年收购 StrataCom 公司之后的几个月内，大约有三分之一的原 StrataCom 公司的销售人员辞职，导致了公司销售的长期瘫痪。之后思科公司吸取教训，迅速改变了并购战略，始终将人员的整合放在并购战略的首位。在正式并购开始之前公司就专门组织一个 SWAT 小组来研究同化工作的每一个细节，尤其针对人员整合做大量准备工作。以思科公司 1998 年收购 Cerent 公司为例，在公司接管后的两个月内，每个 Cerent 公司的员工都有工作，有头衔，都知道奖励办法和保健待遇，并能直接与思科公司内部的网站链接。这次并购最终获得巨大的成功，Cerent 公司的 400 名员工中只有 4 人离开了公司。思科公司利用最少量的投资获得了光纤技术潜在的巨大收益和大量的专业人才，同时这项并购使得思科公司成为光通信网络设备市场中的新贵，依靠 Cerent 公司的产品线和其广泛的客户基础、销售与服务组织，思科成功推出了 7 亿美元的产品线。

跟随市场的战略头脑

原文：《象》曰：初六，"鸣豫"，志穷凶也。

释义：《象辞》说：《豫卦》的第一位（初六），"自鸣得意，高兴过了头"，说明他没有雄心壮志，志向容易满足。一满足，就得意忘形，结果必遭凶险。

释例：公司应实施全方位，立体式的经营策略，以扩大市场份额。

1、裁汰冗员，兵精将强

鸣豫，凶。

——把冗员裁汰掉，公司才能更好前进。

中国自 1978 年改革以来，在相当长的一段时间内，社会各阶层都从中获得了很大收益。但是从 20 世纪 90 年代中期开始，改革的蜜月期结束了，其中突出的标志是国有公司的经济效益不但从相对量上有了下降，而且从绝对量上也在不断下降。1980 年亏损公司的比例是 19．2%，1995 年的这个比例是 33．5%。经济效益下滑的直接后果是公司吸纳劳动力的能力下降，1992 年国有公司的职工人数是 45，200，000，1997 年这个数字下降到了 38，900，000，这意味着有几百万职工失去了工作，不得不接受下岗的命运。

国有公司的劳动边际产出从 1990 年到 1994 年一直在平稳地上升，1990 年的数字是 3，890 元，1994 年是 4，400 元。然而与此同时，国有公司工人的总报酬上升得更快，1990 年是 3，931 元，1994 年变成了 4，667 元。另外，被调查国有公司的冗员率均值在 1990、1991 年是负的，在 1992 年变成了正的。所有这些结果表明：在被调查国有公司中，1992 年以前劳动的边际产出高于劳动力工资，这时国企雇佣的劳动力低于利润最大化的水平；而在 1992 年以后，伴随着劳动产出低于劳动力工资，国企的冗员出现了。值得注意的是，与冗员上升相伴随的是单位生产性资本所带来的利润的不断地下降。而且，物质资本投入的边际产品从 1990 年到 1994 年一直大于 1，表明国有公司没有使物质资本的边际产出等于边际成本。

实践研究还表明：国有公司的物质投入比与公司的资产负债比和银行的贷款债务比负相关，而与上期单位生产性固定资产所带来的利润正相关。上述结果支持我们的假说：公司的利息负担、归还银行贷款的压力以及

利润的下降使得它在生产资料的投入上不足。另一方面，冗员率和生产资料劳动比和资本劳动比负相关。同时生产资料和劳动的互补性大于资本和劳动的互补性，生产资料的投入不足显然是国有公司冗员上升的重要原因，而工资对冗员率的上升也有着显著的影响。最后，产品市场上竞争的加剧也是造成冗员的原因之一，在国有公司市场占有率比较高的地区公司冗员率也比较低。

2、毅力造就强者

介于石，不终日，贞吉。

——公司经营业绩不错时，经营者要提醒自己不要沉溺于一时的快乐，要保持坚毅的作风和献身精神。

成功公司的主管都具有献身精神。不管怎样，公司及它的声誉是他们生活中最重要的东西。通过对美国公司联合会成员及其他正在取得成效的公司成员的调查，更进一步证实了主管们具有坚持不懈的毅力和献身精神。鲍勃·埃利奥特就是一个典型的例子。当调查他时，他已在大约20个州内拥有近百个零售货栈，而鲍勃充分了解每个货栈的存货、财务、工资，甚至布局和推销情况。这需要多大的精力和时间，大家可以想像。

安全清洗剂公司的唐·克林克曼花很多时间用来维

持和客户的密切关系，了解销售动向和地方、区域及个体商店的经营管理情况。他对公司业务深入的工作作风不仅表明他对公司的关切，而且是他高级经营水平的必须具备的品质。他对公司命脉的密切注意大大鼓舞了服务人员、推销人员和市场开发人员——他们为安全清洗剂公司的连续成功做出了巨大贡献。

全面了解公司的情况，对于一个中型公司来说已经是很不寻常的了，对于一个大型公司来说是简直不可能的。但是许多人却做到了，像米里坡公司的总经理迪·戴尔勃洛夫，他就对公司的市场、产品和战略情况等都详细了解掌握。

这种深入细致的工作作风在对美国企业联合会公司的总经理的调查结果中清楚反映出来。做这种工作花费的时间是很长的，花费的精力也是巨大的。美国企业联合会公司的行政主管平均每周工作时间是 64 小时，这比一般职员要多得多。

这些人的献身精神和坚持不懈的毅力是不断地锻炼出来的。在调查中约 2/3 的被调查者在他们 16 岁或更小的时候，课后每周至少做 10 小时有报酬的工作。而他们当中 3/4 的人整个大学期间一直半工半读。1/3 的

人说，他们一生显示有抱负和敢于竞争的精神是驱使总经理成为巨大成就者的主要基石和力量。

3、保密就是保实力

盱豫，悔；迟，有悔。

——经营者要时刻警惕自己，不可与趋炎附势、别有用心的人混在一起。

英国从 16 世纪机器革命后，编织工业在世界一直处于领先地位，他们对编织技术和工艺采取了严格的保密措施。

日本人很想学到这种技术，经过精心策划后，派了几个人在英国一家技术先进的编织厂附近开了一家餐馆。编织厂的员工经常到那就餐，越混越熟。不久，这些日本人面露愁容，向他们倾述他们经营亏损，无脸回乡，使员工们倍感同情。该厂原先规定不雇用外国员工的，但经不起众多员工的请求，破格录用了日本人，但也留了一手，只准他们做粗活。但这些日本人铁定了心，表现得非常吃苦耐劳，忠心耿耿，对公司感激不尽，慢慢公司的防线在无形中被瓦解了，就鬼使神差地分配其中的一些人做了技术工。

几年后，这些日本人纷纷离开公司，原来他们是日本派来的一流的纺织专家。回国后，他们设计出了一套比当时英国更先进的纺织设备。从此，英国的纺织业多了一个强有力的竞争对手。

哈罗德·沃登是一个颇有头脑的工程师。他曾在柯达公司工作了28年，兢兢业业、克勤克俭，无可挑剔。

为柯达公司卖命的同时，他也打起了自己的"小九九"。哈罗德曾帮助柯达公司设计了一台代号为401机器的绝密装置。该装置耗资达数百万美元，可以合成一种叫醋酸脂的化合物。醋酸脂是照相胶片的基础材料，如果公司能够开发出表面更平滑、品质更好和价格更便宜的醋酸脂，无疑可在市场竞争中处于优势，并获得丰厚的回报。

在巨额的金钱诱惑下，哈罗德最终动了心。1992年，时年已51岁的哈罗德离开了柯达公司，投资创办了一家咨询公司。但这只是一个幌子，他收买了多个柯达公司的雇员向他提供401机器的信息和其他敏感的商业情报。然后，哈罗德就转手将这些情报倒卖给柯达公司的竞争对手，从中获取了巨额收益。

4、诚信是公司生存之本

由豫，大有得；勿疑，朋盍簪。

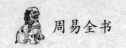

——功绩煊赫、身居高位的管理者要做诚信之人，这样才能在员工中树立威望。

诚信的缺失，是当前社会的通病，经济领域亦然，表现在公司营销方面是不守信用，相互欺骗，对消费者采取种种欺诈手段，如有食品行业的掺假制假、有医药行业的价格暴利、有房地产行业的欺骗消费者的内幕。这些欺诈行为严重危害了消费者的利益，损害了公司或行业的信誉。2001年央视揭露南京冠生园食品公司用陈馅生产月饼的黑幕后不但使该厂的月饼无法销售，而且使国内整个月饼市场陷入危机。在营销中不讲诚信的结果是害人又害己，南京冠生园食品公司不久因无法经营而申请破产。

诚信是公司生存之本，更是公司营销之道。再好的营销策略失去了诚信，就不是成功的营销策略。有的公司为了和竞争对手打价格战，在报纸、电视上大做广告，用很低的价格诱导消费者，等消费者蜂拥而至，却没有广告中所说的低价货销售。这种纯属欺骗的营销策略，只能骗得了部分消费者一时。

其实，诚信本身就是最好的营销策略。广东科龙集团靠的就是诚信经营致胜。诚信是科龙一贯的经营理念，他们不仅仅是停留在口号上，更重要的是贯穿和体现在公司经营的方方面面。惟有如此，营销才能成功。

时下，诚信经营正成为众多公司关注的热点和努力的方向。行胜于言，诚信营销重要的是要踏踏实实去实践、长期以往去履行。

与规律保持最亲密的关系

原文：《象》曰："官有渝"，从正吉也；"出门交，有功"，不失也。

释义：《象辞》说："思想随时代而变化"，但无论怎么变，都必然始终遵从正道，这样就可以获得吉祥。"出门交朋友，一定能成功"，这是因为其唯正是从，见善则从，没有过失的缘故。

释例： 在选择商业合作伙伴前，一定要将对方资信情况系统调查后再与之合作。

1、"识变"、"复变"

系小子，失丈夫。

——经营者要随时更新观念，以适应市场规律的变化发展。

万事万物都是变幻无常的，但也有一定的规律可循。作战方法依照常规变化，又根据变化了态势改变作战方法，这样变化是没有穷尽的。一次兵法行之有效就可以再次运用，再次运用下去就又不是好办法了，这是因为理当变的而没有变。一种兵法行不通就要改变，改变了再实践运用，因为认识了规律后就运用规律去进行变化。万朵云彩都是水蒸气凝聚而成，千顷波涛都是一种水浪推涌而生，这既是云又不是云，既是浪又不是浪。

在变幻万端的战场上，不管战况定与不定，常行与常变，指挥的将领都要"识变"、"复变"。

在瞬息万变的商场上，有利的商机可能变为不利，不利也可能变为有利。例如在经济景气，百业兴隆之际，投入商场，固然可乘兴获利。但若没有长远经营的规划，一旦经济萧条，则可能陷入危机；反之，在经济萧条时若能坚忍度关，待经济复苏时，就可率先大展宏图。

经营者若能"识变"，了解商场变化，也能"复变"，随着商场情势"翻云覆雨"的变，则可迎接一波逐一波的严峻挑战。

　　总经理是公司技术创新的决策者和组织者。公司技术创新的成功与否，总经理起着关键作用。成功的总经理要有强烈的历史责任感、高度的洞察力和创新意识。因此，要搞好技术创新，总经理首先必须有强烈的技术创新意识，才能积极有效地组织公司的技术创新活动，并推动技术创新活动的健康发展。

　　技术创新是一个复杂的系统过程，是一项融合着多种关系在内的综合性创新活动。其中，创新意识是公司技术创新最重要的价值观之一，从大的方面，它可分为战略创新意识和过程创新意识。

　　2、打造品牌，改良产品

　　系丈夫，失小子，随有求得，利居贞。

　　——不可盲目地追随时尚，而应提供公司的特色产品。

　　任何商品都要经过产生、成长、成熟、衰退四个阶段，日本商人对此认识十分深刻，在成长和成熟期，商品的销售和利润都能达到最高水平，但是这种最高水平不是一下子就能达到的，也不可能一下子就能消失。要想有好的收益，必须尽可能在最短的时期内使新开发的商品上升到最高水准，在它进入成熟期以后，要迅速地

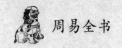

结束它的生命。因此，他们要通过市场观测新商品的动向，并以曲线示意图把这种动向清晰地描绘出来。如果一个公司仓库里积压

过多的已呈衰退状的商品，而且还在生产这种商品，那么它在市场上已丧失竞争力。因此，他们在考虑商品的开发同时，始终为提高产生期、成熟期的商品比重而努力，也正因为这样，市场的竞争才如此悲壮惨烈。

日本公司的产品周期大致可概括为投资、市场占有、获得收益三个阶段。在这三个阶段，最初是投入，以后是产出，就一般规律而言，二者是不可分割的。但是，精明的商人非常清楚，所谓的"新产品"，可以是目前市场上完全没有的新产品，也可以是在新产品的基础上加工改良的产品，而这种"改良"，投入少，产出多，更有收益，因此他们经常称之为"改良产品"。在这一方面我们可以举出很多例子。

3、淘汰旧产品，保持控制权

随有获，贞凶。有孚在道以明，何咎？

——从本公司自身的条件出发，追随市场的变化，才有利于公司经营。

为了始终把握对市场的主导控制权，微软公司的产品更新换代的速度惊人。

"版本更新、速度更快，并且通常旧版本的文件也能在更新后的新版本中使用"是微软一大策略。

在功能上，微软公司不断扩充产品，提供各种各样的新式功能。

微软公司大胆采用快速的产品更新策略，认清市场，适时地引进新产品淘汰旧产品，始终保持着对市场的主导控制权，这是微软公司成功的关键。

在定期淘汰产品方面，微软公司的态度是非常坚决的。

工程技术人员出身的盖茨先生清楚地知道，产品的品质，的确是影响消费者购买商品的重要因素，但并非决定性因素。

作为成功公司的领导者，不但知道公司应该做什么，还要知道公司不应做什么，这样才能更有效地避免资源分流，能集中力量，获得最大的市场利益。

4、明确责任，分配合理

孚于嘉，吉。

——领导者要正确区分自己的追随者，合理分配

周易全书

任务。

分配任务看起来好像属于主管最简单的职责之一。如果真是这样的话，为什么有那么多工作没有正确完成？在经营中出现那么多令人不满的意外？为什么有的员工在接受任务时很勉强，而有的则跃跃欲试？答案就在于主管如何分配任务。分派工作是一种需要学习才能掌握的技能，在安排任务的时候，应该：

（1）简明地表达你想要什么。如果要求提得模糊不清，结果也会不确定。

（2）花时间问问题。主管在吩咐完之后就匆匆离开，而不知道下属是否理解清楚，他很可能得不到什么好的结果。

（3）有礼貌。是的，你是头儿。但这并不构成你对每位员工不礼貌的理由。说一句"请"或者"谢谢你"，它们对于鼓舞士气非常有效。它们会帮助员工们形成对工作的积极态度。

（4）用问句来陈述命令。

（5）不要假设员工已经理解需要做什么。通过提问和请员工复述工作要求来加以检验。

（6）把任务分配给那些最有能力完成它们的人。这

182

是确保工作被正确完成的最安全的方法。

但是偶尔你愿意把工作分配给某个员工，他完成此项任务会有一定的困难。这是一种促进成长的方法。

（7）愿意听取员工关于应该如何完成此项任务的建议。你并不是组织中惟一一个拥有好主意的人。

（8）在工作圆满完成后提出表扬。这是确保人们热情十足地执行下一次任务的最好办法。

5、愿意帮助，真诚合作

拘系之，乃从。维之。王用亨于西山。

——对于才华显著却心高气傲的员工，做为管理者应以诚意慢慢驯化他。

除了一起工作和相互合作，难道还有其他途径？

一起工作之外的惟一选择是互相拆台。当某人与你作对时，并不总是明显的。这类事情是逐渐发生的，而你还不知道这究竟是为什么。人们会忘掉要做的事。在更多情况下，不合作表现为漠不关心、无功于衷和不感兴趣，即其他人不愿为你出力。

人们不予合作是因为他们与你意见不合，但更多的原因是因为他们觉得你与他们意见不合。

"我为什么要为他操心？他从不想着我，除非有求

于我。"

优秀经理寻求合作并得到别人的合作。他得到合作是因为他与部下意见一致，不仅在需要完成的工作任务上，而且在维护他们的利益、支持他们和为他们尽心尽力上与他们心心相印。

优秀经理与他的部下合作，帮助他们解决问题，作为回报，他们也与他合作。合作是双向的，每一方须为对方尽力。如果你不与别人合作，你也就不必指望别人与你合作。

因此，优秀经理总是以身作则，在合作中采取主动。他不会等到有了事再去寻找合作。如果某人要他帮助颁发奖品，他一定帮忙；如果某人要他给银行写一份介绍信，他一定合作；如果他的上司要他陪同一个外国代表团参观，他也一定给予配合。对于合作，优秀经理总是很愿意的，他不会找个理由，借口困难太大。他会尽一切力量与他人合作，对他们所需之处给予帮助。

跌倒了不等于被淘汰

原文：《象》曰："干父用誉"，承以德也。

释义：《象辞》说："挽救父辈所败坏的基业，一定会受到人们的赞誉"，因为以美德继承父辈的遗业，总是会受到欢迎的。

释例： 蛊的意思是指有事（如出现弊端）的意思。公司出现经营危机时，要立即针对弊病实行改革。

1、击碎惯例，激活公司

干父之蛊，有子，考无咎，厉终吉。

——经营者对于公司不适应市场发展变化的弊病要进行改革，刚开始时可能会遭受挫折，但只要持之以恒，改革的成效便会显露出来。

松下电器公司一举买下美国音乐家俱乐部，表明该公司正在改变自己的面貌。两年后，以硬件为中心的就要迎接创立 75 周年的松下公司突然正式宣布开拓软件事业，而且将世界上最大的一家电影公司收到帐下，这一举动让有关人士感到震惊。其实该公司击碎历史和传统的改革随处可见。比如松下公司开展 MTM 运动，旨在把用户所要商品的必要量在必要时间里生产和销售的结构浸透到全公司。

日立公司的总经理三田胜茂废除施行多年的利润中心制度，把财会部门归入事业部，委以与事业相关的责任。在让位交班之前，他撤销了执行了 10 年的惯例，

理由是不符合时代发展。

由此可见，重新认识过去的传统，改变观念，击碎惯例的，很多都是公司最高领导。20 年前，富士通公司的年销售额仅为 1640 亿日元，10 年前上升到 6710 亿日元，现在已高达 2 万亿日元。该公司职员队伍近 10 年来扩大两倍，达 5 万人之多，组织变得庞大而复杂起来。该公司关泽义经理决定打破等级制度，实行网络型经营，实现底层问题明朗化。为了防止由于组织层次束缚而难以听到现场中的中肯意见，公司利用个人计算机通信设置了独自的信息途径。

为了从没有直接关系的经营人员和年轻职员中广泛听取意见，富士通在公司内部公开招募人员召开研讨会。这种网络型管理成功实现了超越组织层次、广泛吸收意见，从而调动基层积极性的目的。

日本电气公司是一家年销售额 3．7 万亿日元、职员 16 万人的大财团。该公司的关本忠弘经理指出："拘泥于组织层次就无法让公司从大公司病中摆脱出来。"为了迎接 21 世纪，该公司开展了一场管理革新运动。在公司内从 40 岁以下的职员中招募 100 人成立了一个委员会，修改公司一级的制度和章程，意在激活公司。

几年前，松下电器公司在公司内从年龄为 30 多岁左右的年轻职员中招募 200 人组成委员会，就面向 21 世纪的构想进行广泛讨论。不过，这种管理手法也有不足之处，运用时要注意避免各组织负责人的渎职现象和职员只听最高领导指示的倾向。

2、冲出"死亡飞行"

干母蛊，不可贞。

——公司应强调创新意识。

在过去的 20 年里，始终没有一个对手能够取代波音公司在商用喷气式客机市场上一枝独秀的地位。不少企业家都羡慕波音公司的成功。其创始人威廉·波音却不会忘记，他的"波音"是如何陷入、又如何冲出"死亡飞行"的。

波音公司建于二十世纪初，以制造金属家具发展起来的，以后转向专门生产军用品。一战期间，波音公司生产的 C 型水上飞机博得美国海军的青睐，波音也在美国飞机制造业中担当起一个重要的角色。

然而，好景不长，战争结束后，美国海军取消了尚未交货的全部订单，整个美国飞机制造业陷于瘫痪状态。波音也不例外，陷入了"死亡飞行"中。

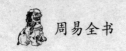

威廉·波音并没有因此垂头丧气，而是进行了深刻的反思。造成"死亡飞行"的原因虽然有形势大变的因素，但也是由于自己过分依赖军方的结果。亡羊补牢，为时未晚，他果断地调整经营方向并采取了相应的措施。

波音一方面继续保持和军方的联系，随时了解军用飞机发展的趋势、军方的要求，以便加以满足。这样军方不会介意，一旦有机会，其他飞机制造商难以乘虚而入。一方面考虑到军方暂不会有新的订货，完全可以抽出主要的人力财力，开发民用商业飞机。

为了保证这一策略的顺利实施，还必须吸收、培养人才。

从此后，波音公司注意吸引和培养人才，并授予他们充分的权力，把主要的力量投入民用飞机的研制，从单一生产军用飞机的旧壳里脱颖而出。

战后经济的复苏刺激了对民用飞机的需要，波音公司推出的 40 型商用运输机以及波音 707、727 客机正好满足了市场的需要，从而冲出了"死亡飞行"。以后又陆续推出了波音 737、747、757、767，同时替陆军、海军、海军陆战队设计制造了各式教练机、驱逐机、侦察机、鱼雷机、巡逻轰炸机和远程重型轰炸机等，波音公司日益发展壮大起来。

波音公司如果不"金蝉脱壳"，摆脱单一的军用飞机经营，就无法冲出"死亡飞行"，那只有飞向死亡。

公司在面临竞争的压力且攸关生存的考验时，一定要想办法求新求变，而可不墨守成规，故步自封，否则就无法避免被淘汰的命运。

3、快的吃慢的

裕父之蛊，往无咎。

——改革需要雷厉风行。

约翰·钱伯斯，好像是突然间从地底下冒出来的 IT 巨头，一个可以与比尔·盖茨、葛罗夫比肩的业界大亨。2000 年 3 月 27 日，中国新华社及各大媒体赫然推出"美思科公司股票市值达 5554. 4 亿，市场价值超过微软"的消息。一下子"谁也没听说过的最重要公司"就令同行高山仰止，啧啧称奇。

其实思科系统公司是全球领先的互联网设备与解决方案供应商，被人们称誉为"网络时代的管道工和泥瓦匠"。今天，全球的互联网上有 80% 以上的数据都是经由思科系统公司的骨干设备传送。通过使用互联网和公

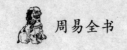

司内部网，思科公司每年至少能节约经营费用5亿美元。目前，思科公司每天通过互联网实现的销售额超过3000万美元，70%以上的客户支持服务是通过互联网来实现的。在思科公司，有81%的求职简历是通过互联网收到的，66%的员工是通过互联网雇佣的。

思科公司的神奇魅力还不仅仅在于此。"快的吃慢的"，这是思科系统公司总裁兼首席执行官约翰·钱伯斯提出的一个新经济规则。从1993年以来思科进行了大大小小共48次收购。每次都是客户告诉思科，他们需要什么技术，然后思科再买下来。购并让思科迅速地得到了新技术，跨入新事业并吸纳了更多人才。钱伯斯强调："这个原则不会变，而且收购的步伐还要加快，要达到一年10到14家公司。"

1998年5月，美国加利福尼亚州，在一次大型技术会议上，钱伯斯与Cerent公司首席执行官卡尔·罗素相遇了，Cerent公司是电信设备领域的后起之秀。第一次见面只寒暄几句，钱伯斯就单刀直入，直奔主题："我需要拿出多少钱才能买下你的公司？"

正准备公司秋季上市的罗素也不简单，针锋相对，"我们需要花多少钱才能让你放弃这一计划？"

最终，还是钱伯斯胜了。钱伯斯正是这样一位优秀买手。他预言，将来一个"新世纪"网络将把传统的语音、数据和视频传输网络合而为一。电子商务将成为主流的商业模式，报纸、广播、电视和互联网四类媒体将走向融合，成为真正的"多媒体"。

4、有为经营，无为管理

不事王侯，高尚其事。

——英明的经营者要果断更新经营观念。

世上没有永远对任何行业都通行的经营模式，在不同的时期，不同的公司都应有与之相适应的形式。在经营世界中，没有权威，只有创新。

美国的管理专家毕可斯描绘了这样一幅画面：由于信息技术的日益进步，未来公司的办公室内，看不到一个员工，有人选择在家或工作室工作，有人在外面拜访客户，所有的工作部可以通过网络进行。虚拟的办公室工作状态，已逐渐成为发展趋势。这种情况的出现，打破了传统的权威管理和严格管理，意味着组织的分权，把权力从领导者手中分散到组织成员手中，员工获得了独立处理问题的机会。领导者则支持、指导、协调员工的工作，激发员工的智慧，并为员工服务。这时公司的

领导不再是聪明的总裁，而是集体智慧的网络。大家通过网络分享信息，在公司内部形成一种"无为管理"的管理理念。所谓"无为管理"并不是取消管理，而是管理进入更高层次和更高的境界，人人都是管理者，都是重大决策的参与者，也是决策的执行者。管理达到如此境界，才能使领导者摆脱日常事务，面对未来，纵观世界，审时度势，筹谋公司发展的根本大计。

上下同欲是不败的真理

原文：《象》曰："大君之宜"，行中之谓也。

释义：《象辞》说："以聪明才智来实行督导，这是伟大君主最适宜的统治之道"，说的就是行中庸之道。

释例：临的主要意思，是从上面低头向下看，公司领导在抓经营管理时对员工要以德服人，不能居高临下，摆架子。

1、牢牢把握自己的经营之船

咸临，贞吉。

——经营者要脚踏实地，避免夸夸其谈，并且要经常自省。

在信息传播迅速发展的社会里，先进技术产品层出不穷。一个有头脑的经营者，不但要眼睛向内，牢牢把握自己的经营之船；更要眼光向外，密切注意他人之长，并取而用之，使自己的技术和产品质量成跳跃式地提高，这样才能使公司永葆青春。

在日本，一般不准外资独资经营。为了发展电子计算机工业，日本破例给 IBM 公司开绿灯，让它在日本独资经营，甚至把国内市场让给它。

几年之后，日本人学到了技术，加上自己的创新，现在日产电子计算机已在若干方面登上了技术顶峰。

日本现处在经济实力、贸易和科技三项强国的地位，它并没有放弃其致富之道，仍然坚持大量引进国际先进技术，尤其在高技术领域里，引进势头有增无减。

近 20 多年间，共引进 2 万多项先进技术和经营经验，花费的资金只相当于研制国家为此花费的 1/30。1986 年，日本签订引进国外技术合同共 2361 项。引进这些技术，正是取人所长，补己之短，从而推进自身技术的进步。

再比如，巴西拥有丰富的资源，但缺乏开采加工技术。为此，巴西专门成立技术引进机构，制订保护引进

政策，每年引进上万件专科技术，从而推动了技术的发展。1964 年，巴西人均国民总产值为 692 美元，到 70 年代末期已达到 1600 美元。

2、评估的头一项

咸临，无不利。

——经营者要对自己的实力有一个正确的估价，既要避免风险太大，又不能太保守。

投资人的自我评估是投资前的必要准备，是否有投资实力？投资的各项条件是否具备？有利因素是哪些？不利因素是哪些？自己对投资的兴趣、相关知识和技巧的掌握如何？等等，都必须先自摸一下心窝，有了八九分底气时方能做出决策，否则还是忍着点。

评估的头一项是问问自己对投资的观念是否改变？是否跳得出传统观念的窠臼？在当今物流涌动的经济大潮中，每一个人与投资的关系愈来愈密不可分了。过去，人们认为投资是那些有钱闲着的人们玩的游戏，而普通劳工阶层、工薪阶层、小本生意人等，哪里还有闲钱去投资呢？其实，投资并不一定非得很有钱才行，对于资金有限而又有兴趣、有眼光的人，也可以选择小额投资的方式，这种小额投资，不仅可以"积沙成塔"，一点一点地积累利润，更重要的是用小额投资开了大门，争取到了一张进入投资市场的"入门券"。一旦入了门，便能在这个激烈的竞争市场上见世面、长知识、学本事、练功夫，一旦时机成熟，也能玩上一两把，过过发大财的瘾。

当你有了以上认知后，就有了兴趣和信心，然后再来摆摆"硬件"：

首先，确认自己能够承担风险的能力有多大？自己属于何种投资性格？一般而言，投资性格比较积极的人，会倾向于大额的投资，也就是较具冒险家的精神。此种投资方式属于高额利润、高风险，全凭投资人的一颗强有力的心脏和冷静思维的头脑。至于投资性格较为保守的人，大都会选择风险性小的投资，尽管利润较薄，但却安全可靠，少了些后顾之忧。

所以说，投资人的投资性格的积极与保守，相对的也关系着获利的大小。在选择投资方式之前，先评估一下自己的投资性格，然后根据性格来决定投资方向。

其次，选择好投资管道，适当调配好投资的组合。当然，这得靠投资人自身运用智慧，相关知识及经验积累。若投资人能够完善分配投资组合，不但可以分散风

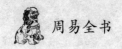

险，还能增加投资机会与投资报酬率。

3、为什么要我这么做

甘临，无攸利。既忧之，无咎。

——平易近人、虚怀若谷，与员工关系融洽，公司自会兴旺。

一位老板生气地说："兰迪，今天早上你来我这儿之前先到史东尼·布鲁克的办公室去了，为什么不打电话告诉我？你难道不明白我需要知道你在什么地方吗？万一这儿出点事怎么办？"

"等一等，老板。我在这儿工作了五年，在好几个经理手下干过，哪一次不是随叫随到！我每隔几天到史东尼·布鲁克那儿，是去看看有没有新的索赔案，同理赔员谈谈心。对于别的任何一个经理，我从来都没有必要汇报自己的一举一动，搞不懂你为什么要我这么做？"

这位老板的做法欠妥——对下属过严，这样会产生很多问题：

（1）这将会限制他们自主决策的能力。部门里的工作，你不可能做到事必躬亲，这就是为什么需要下属的原因。但为了能够使员工高效地工作，必须充分利用资源——尽可能地让员工做他们力所能及的事，不要多加干预，这样才能事半功倍。

（2）这表明你并不信任他们。如果你要求下属早请求，晚汇报，一举一动都得征得你的许可，不允许员工有任何不同意见，员工们就会知道他们得不到你的信任。于是，你的担心就真的成为现实：你不信任别人，别人就会做出不能为你所信任的事情。盯着表看员工们什么时候吃好午饭来上班，员工们就会开始同你玩游戏，看看自己到底可以放纵到什么地步。事无巨细都要你来督查，员工们就不必再为自己的工作细节负任何责任——因为他们知道，出什么差错，你自然会发现的。

（3）这将使员工失去工作动力。有一个真实的故事：一位经理每天早上都要把部下召到办公室里，让他们汇报一天的工作计划。一天结束后，又要他们写一份当天工作进度的报告。你可以想像得到，不用多久，这个部门就已经人心涣散，员工们各奔东西。留下来的人则越来越不卖力——直到有一天，他们什么也不做，整天只是写工作进度报告。

4、商战的致胜之本

至临，无咎。

——英明的经营者任用有才华的助手，公司经营将

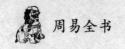

会稳步上升。

美国能长期富甲天下，除了它的优越的自然条件外，主要是因它的科学技术在世界居领先地位，而这正有赖于拥有大批一流人才。美国除了自己培养人才外，还善于容纳、引进和罗致天下人才为己用。其吸引人才之法有二：一是给予高薪，二是为之提供良好的研究条件。

在美国著名的"硅谷"工作的科技人员有33%以上是外国人。在美国从事高级科研工作的工程学博士后研究生中，外国人占66%。美国33%的名牌大学的系主任是华裔学者。在美国星球大战计划中扮演重要角色的也是外国科技人员。

据统计，自1952年至1975年，由于美国大量引进人才，为美国节省培养人才经费至少有150亿美元至200亿美元。更重要的是他们对美国经济发展起了重要的作用。在30年代，仅欧洲各国到美国定居的科学家做出的贡献，相当于为美国增产300亿美元。

正因为美国能集中天下人才为之从事科学研究，美国的科技才能走在世界的最前列。第二次世界大战后，美国引进科技人才最多，因而取得的科技成果也最多，占世界科技成果总数的 60% 至 80% ，获得了颁发的诺贝尔奖金总数的一半。科技的高度发展促进了经济的繁荣，美国才成为世界上最富裕的国家。

高明的企业家，既要千方百计地"偷"、"换"对方阵营里的"梁"、"柱"，又要防止自己的"梁"、"柱"被别人"偷"、"换"。

真情是成功之梦的依托

原文：《象》曰："观我生，进退"，未失道也。

释义：《象辞》说："对照高尚的道德标准省察自己的言行，审时度势，小心谨慎地决定进退"，这样做是不失原则的。

释例： 观卦主要讲的是一个虔诚的心。为什么这个虔诚的心与观相联系呢？这正好与"观自在"有相通之处，它是观心。只有深知自己和同一市场其他竞争对手的情况，才能做出正确决策。

1、信仰、努力和眼光

童观，小人无咎，君子吝。

——经营者不能将眼光停留在表面上，要高瞻远

瞩，做出长远的安排。

世界旅店大王希尔顿生命里有三条原则：信仰、努力和眼光。不论做哪一行，若想做得比别人更出色，他认为首先必须具备高瞻远瞩的目光，惟有如此，才可做出正确的决策。把握不了市场的变化，看不出行情的发展趋势，决策便很可能失误。

希尔顿一生中最重要的成就——在旅馆业方面，买到了华尔道夫旅馆。如果没有希尔顿高瞻远瞩的眼光和正确的决策，华尔道夫的辉煌也许便只是一小段鲜为人知的历史。

华尔道夫旅馆的那些优雅的大房间里曾经住过许多皇族，当别人打电话过来找"国王"，华尔道夫的电话接线生一定要问"请问找哪一位国王"。但是这家旅馆却破产了，1942年，华尔道夫的股票暴跌。

希尔顿决定要买下华尔道夫。当他把这个决定向希尔顿董事会宣布的时候，有人惊叫起来："你是不是病了！花钱去买这个赔大钱的累赘？"然而希尔顿向来相信自己的商业直觉和眼光，他说："如果你仅仅只看到它现在的艰难处境而不能看得更远一点就去拒绝它，那只能说明你是一个商业上的短视者。"但是无论他怎样反复阐述自己的意见，希尔顿理事会的理事们都不能分享他的狂热：他们不相信华尔道夫这个落泊到如此境地的旅馆还会东山再起。身为希尔顿旅馆公司的董事长，没有理事们的同意，他也不能以公司的名义买下华尔道夫。

希尔顿没有因此而退却，因为他相信拥有这样一家旅馆，将会给他带来想像不到的价值和地位。他想："我可以像30年代德克萨斯州西斯柯那样自己买下来，然后把我的看法再推销给那些能够接受我的意见的人。"

于是，他开始行动了。他首先打电话给华尔街上拥有华尔道夫股票的老大。

"我今天就能开个价钱，"希尔顿说，"我什么时候可以过来呢？"

当天下午，他走进那位老大的办公室，要买下249042股——这是控制股的数目，并给了一张10万美元的支票当押金。

华尔道夫的股东们正为拿着一大把廉价的股票抛不出去而大伤脑筋，如今听说希尔顿要以12元一股的高价收购，他们欣喜若狂——终于可以甩掉这个"烂包袱"了……

几天后，华尔道夫旅馆便改名为"希尔顿"。以后的日子华尔道夫究竟给希尔顿带来了多少荣誉和财富，不用去揣测，看看希尔顿头上那顶"世界旅店大王"的桂冠便再清楚不过了。

2、赚钱的最好时机

观我生，进退。

——经营者不能片面地分析问题，逆境往往是崛起的好时机。

面对逆境，能坦然应之的当推犹太商人。他们能在危险来临时，仍泰然自若地做生意，甚至把逆境看成是赚钱的最好时机。下面有一则关于犹太人面对逆境的笑话：

不知从何时起，犹太人有个不能在安息日工作的规矩，要求人们必须在家休息，并勤做功课。但偏偏有人破坏规矩，在安息日却照常营业。一次布道时，拉比指责这些店主亵渎了安息日。当做完礼拜后，最爱破坏规矩的一个老板，却送给拉比一大笔钱，拉比十分高兴。

待到第二个礼拜时，拉比对安息日营业的老板指责就不是那么严厉了，因为他指望着那个老板给的钱会更多一些。然而他一个子儿都没得到，拉比感到十分奇

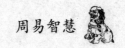

怪，便询问其中的原由。

那位老板说："事情十分简单。在你严厉谴责我的时候，我的竞争对手都害怕了，所以，安息日只有我一个人开店，生意兴隆。而你这次说话很客气，恐怕这样一来大家都会在安息日营业了。"

虔诚，这是犹太人处世的基本准则，然而在开玩笑时，难免出格，当然从这则笑话中，我们能发现机遇只垂青那些有准备的头脑！

犹太商人的这颗发现机遇的头脑是在特定的环境下磨炼出来的。他们之所以能在非常困难的情况下从事放债和贸易这些获利颇丰厚的行业，他们首先知道自己的生意在哪里，对生意机会有一种超乎寻常的敏感，因为神父讲道时不准商店老板营业，而许多人害怕亵渎神灵，便纷纷歇业。犹太商人没有义务遵守基督教的教义，只要合法，他们只顾大赚特赚属于自己的钱。

正由于没有循规蹈矩的老板独具慧眼，见人之所未见，捕捉寻觅到有魅力的市场空当，并且捷足先登，在别人还没有摸着头脑的时候，就早已把生意牢牢地控制在自己手里，独擅其利，因此，有没有面对逆境的勇气和头脑，往往决定着一个商人的成功与失败，也是判断

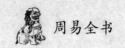

一个商人经商才能高低的重要标准。在逆境中，犹太商人成功了，成为成功的犹太商人。

3、最难模仿的能力

观国之光，利用宾于王。

——通过对所处市场的情况进行分析后，再做出公司的决策。

显然，必须从顾客需求的角度定义公司的核心能力。不符合顾客需求、不能为顾客最重视的价值做出关键贡献的能力不是核心能力。

有人认为关键技术能力是最难的，因而是最核心的能力。的确，这方面中国公司与世界级领先公司存在着巨大差距。我们的许多产品，如 PC 和家用电器，其中的核心技术、核心器件都是外购的，缺少核心技术使我们许多大公司的市场地位很不稳固。也有人认为，核心能力不仅仅是技术能力，只要它能创造出持久的竞争优势，像分销能力、资本运作能力、制造能力等都可能成为公司的核心能力。这些观点都有道理。但当我们从公司的整体角度来考察核心能力时，我们就会发现，技术能力、产品化能力、分销能力、制造能力……这些能力固然很重要，但公司还需要一种能力将这些功能能力组织在一起，沿着一个明确的方向运动。这种能力是其他诸种关键能力的核心，是它们的灵魂。那么，这种能力是什么呢？我认为，是深入理解和准确把握顾客需求的能力。

加入WTO后，中国企业比外国企业占有明显优势的地方，就是我们更了解中国的消费者。但我们是不是真正认识到了这一点，真正采取了有效措施，不断强化这种最难模仿的核心能力了？

4、当仁不让，舍我其谁

观我生，君子无咎。

——公司要成为出色的团队，领导者应先看好员工是否齐心协力，然后再进行决策。

安捷伦平时非常注意鼓励和帮助员工学习第二技能，以应付改变，因为随着外界的变化，员工的工作性质随时有可能要改变。比如中国区这边，将来随着通信技术的改进，总机的工作内容也会随之改变，所以员工也要学习新的技能，适应新的工作，如电话营销。鼓励并创造条件让员工不断尝试不同的领域，这对年轻人尤为重要，这让他们感觉到自己受尊重，公司对其个人的发展负责。

在全球网络经济低潮来临的时候，不少公司都纷纷裁员，安捷伦没有这样做，而是采取压缩开支、全员降薪的办法来共度难关。

安捷伦行政总裁 NedBamhoit 明确表示，"我们不赞成在公司困难时裁员。如果我们退出某个商业领域或决定将制造业外包，这都属商业决策。公司在兴盛时期不断招人，到萧条期就大肆裁员，不是最佳的解决办法。"

安捷伦采取的是直销，销售对象是中间制造商或研发单位，因此要求销售人员具有非常高的技术含量。这些人员达到独当一面需要相当长的时间，公司花费了很大的培训成本。如果现在让员工离开了，反而得不偿失，将来生意好起来的时候，再去重新招人根本来不及。所以，公司把不裁员看作是对人力资源的一种投资。高级经理们率先减薪，表达出整个团队共度难关，公司要长期经营下去的信心，这其实也是对员工和用户负责的做法。

安捷伦一直在做的是不断修改保留人才的内容，让员工觉得自己的工作有贡献，个人有价值。在工作的设计上就是让员工的工作过程与结果直接相连，让其看到所做的努力带来直接的结果，而不是要经过很多程序才能看到结果。"我们希望每个人的工作像一滴墨水滴到清水杯中，能迅速看到颜色的扩散。"

在工作中，安捷伦提倡员工不要把工作仅看作一种责任，而应该是一种负责任的动态行为，即每个人都要有"当仁不让，舍我其谁"的心态，主动站出来承担责任，这样才能消除掉工作中间没人触及的灰色地带，进而把惠普的优良传统之一——团队合作变成更主动的行为，在勇担责任和互相合作下，产生更大的综合效能。

打一张人性化管理的妙牌

原文：《象》曰："利艰贞，吉"，未光也。

释义：《象辞》说："有利于在艰难中坚守正道，其结果是吉利的"法治应该继续发扬光大。释例：《噬嗑是指凡是处理一种讼事，像狗打架这种事，一种纷争，一种矛盾，有争吵，有纠纷，发现了问题，所以要去处理，处理这一类的事，就叫噬嗑。员工犯错误公司要按照制度进行适当的惩罚。

1、训诫的尺度

屦校灭趾，无咎。

——员工犯错误，管理者对其加以适当惩罚即可。

管理者都希望员工遵守规章制度，为公司努力工作。要达到这个目的，通常有两种方法：奖励和惩处。如果员工工作干得好，管理者通常会对员工采取赞赏、加薪、提升等奖励措施，以强化员工的行为，使他们把工作干得更好。如果员工违反了公司的规章制度，管理者通常会对员工进行训诫，以便使他们改变自己的行为。

训诫可以使员工改变自己的不良行为，比如旷工、迟到、随便请假等等，所以训诫是管理工作中一个不可缺少的内容。但是如何训诫员工才能收到预期的效果，而不致于使情况变得更坏，这里面有一定的讲究。

（1）事先要让员工了解公司的行为规范。

（2）训诫要讲求实效性。

（3）训诫要讲求一致性。

（4）训诫必须对事不对人。

（5）训诫时应当提出训诫理由。

（6）以平静、客观、严肃的方式对待员工。

2、奖惩得当，重视效果

噬肤，灭鼻，无咎。

——惩罚要公平无私，该重罚则重罚，但要恰到好处。

公司要坚持赏罚分明的原则，对于那些为公司立功、提高公司荣誉、提高经营效果的人，都予以晋升的机会或应有的奖励。对那些故意给公司造成财产损失、公私不分、搞不正之风的人，则坚决给予处罚。只有这样，才能端正公司的风气。

的确，员工满意度调查能否达到很理想的效果，一方面要求员工有参与意识，这取决于人力资源部以往营造的氛围、在员工心目中的形象，这决定了员工能否真诚地对调查活动予以配合而不是应付。另一方面要求公司有相对的规范性。设想，明知公司经营状况很糟还明知故问，员工会怎么想？

公司应该最大限度地营造员工充分融入的氛围，不怕存在问题、暴露问题。员工有牢骚、有抱怨要让其及时地发泄出来，但更要引导员工积极地提出建议。要相信公司的主流是好的，员工的心态大体是稳定的。如果连这样的自信也没有，的确该好好反思一下了。再有，分析结果一旦出来，公司应有相应的解决措施，让员工看到效果并予以监督。同时激励中层，让高层反思。可

以设想，一个连内部员工都不满意的公司会如何让外部客户满意呢？

3、不可滥罚无辜

噬腊肉，遇毒；小吝，无咎。

——对于犯错误的员工要严加惩罚，但要在全面弄清事实以后，不可滥罚无辜。

当听到某人犯了一个严重的错误，或是他让你失望了，或是他违反了什么规章制度，你的自然反应就是认为这个人确实做了你所听到的事情，从而立即采取措施。这样的反应是错误的，除非你真的把向别人道歉当作是件乐事，或者喜欢那些尽量不和你搭界的员工。

那么你该怎么做呢？请遵循下列步骤：

（1）认识到自己对发生的事情的了解是有限的——尚不足以据此做出任何决定。

（2）去除情绪化的想法。散一散步，完成一份报告，关上办公室的门大叫几声，做你必须做的事情，但在对任何事情进行处理前先要使自己冷静下来。

（3）如果不是有特别的原因要相信听说的事情，先在心里从有利于员工的方面提出质疑。这样做，就能为了解事实打好基础，或许还能帮助你更快地平静下来。

210

（4）与那位员工见面，告诉他你听说的事情，然后让他陈述自己的理由。仔细倾听，积极思考，并向他提出问题。既不要听过算数，简单地接受他说的话——他的理由可能与事实相差甚远——也不要让他觉得你是在对他逼供。抽出必要的时间，去了解他对形势的看法。

（5）有必要的话，获取更多的事实。这时，你就能处理面对的情形了。

4、激励、激发、鼓励

何校灭耳，凶。

——经营者要刚柔相济，以理服人强于惩罚。

激励士气本来就不止一种方法，用荣誉激励就会使刚强勇敢的人振作，用物质引诱就能使坚毅的人奋起，用形势逼迫，使其陷于危险的境地，并辅之以欺骗的手段，那么胆小力弱的人也精神抖擞。将帅治军能恩威并施，策划的计谋每次都能取得预期的胜利，那么三军在作战

时的勃勃生气，就会像跃起的虎，蟠着的龙，无论遇到什么敌人都能攻克。如果再能造成有利的态势以增加威力，通过培养高尚的节操来保持常胜之气，受到挫败也不让损伤锐气，处于危险的境地也不使士兵受到震

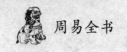

骇，这样，任何人在任何时间都会有高昂的士气。

"励"，即激励、激发、鼓励，这里指振奋和激发部队拼死杀敌的斗志。

古代将帅激励士气的方法很多。曹刿论战，"一鼓作气"，"彼竭我盈"，正确地选择攻击时间，以己之"作气"击敌之竭；项羽破釜沉舟，断己后路，激励将士战中求生，义无反顾；韩信背水布阵，"迫之以势，陷之以危"，激励士卒奋勇杀敌，死中求生。

在公司经营中，为了调动人们的积极性，也可以适当地运用激将术。因为我们中华民族具有在屈辱面前不甘低头、不认输、不投降的强烈自尊心，利用这样的心理，会更有效地唤发起人们的聪明才智。

5、毁约的技巧

噬干肉，得黄金，贞厉，无咎。

——毁约而不影响信用，在立约时就得设下毁约的理由。以履约的形式取得毁约的效果，恰恰是合理化的守约行为。

犹太商人在立遗嘱时就设下了计谋让它无效，在立约时就准备要毁约，因为他当时面临的是"要么让步，要么彻底失去"这样一种无可奈何的选择，所以他只能选择让步，把全部财产让给奴隶，使奴隶不至于带着财产逃走。

这种让步是他心有不甘的，把财产全部给了奴隶，和奴隶带了财产逃走，实际上是一回事。

为了解决这个难题，聪明的犹太商人给遗嘱中装进了一个自爆装置，儿子只要找到这个装置，就可以在履约的形式下取得毁约的效果。果然，在拉比的开导下，儿子真的启动了这个自爆装置，严肃的遗嘱在形式上得到了履行，而对那个奴隶来说，没有任何的意义。

这个寓言真正要表达的意思是，怎样借履行契约的形式来取得毁约的效果。采用什么样的方法在守约的情况下，取得毁弃契约才能取得的效果。

以履约的形式取得毁约的效果，恰恰是最合理化的守约行为。由此我们看到犹太商人在古代的商业行为中同今天资本主义经济运行方式有着惊人的相似之处。

犹太商人这种形式化的守约同他们近乎无条件地守约有着内在联系，并且互为因果。没有近乎无条件地守约的传统要求，也就没有必要在毁约的同时顾及形式上的守约；也就是说，没有高超的技巧，严格的守约只能削弱他们自己的生存能力。犹太商人正是靠着这种技

巧，利用原本对他们约束得最为厉害的形式，变成他们用来约束对手最便利的手段。这既是犹太商人的一种生存能力，也是他们对现代资本主义经济秩序的一种投机。

重视文化的积极效应

原文：《象》曰："永贞之吉"，终莫之陵也。

释义：《象辞》说："永远坚守正道，便可获得吉祥"，是说只有永久坚持正道，才能最终不受人凌辱。

释例：贲，是草香的总称和花卉。花卉和贝都是作装饰用的。贲，不仅仅是指装饰，化妆；如用贬义词说，是粉饰、伪装。当然，对于社会来说，是一种礼节、礼仪、文明。公司成长的不同阶段，经营者要注意采取不同的宣传手段。

1、没有经验也没有约束

贲如，濡如，永贞吉。

——正确处理好人力资源，同心协力促进公司发展。

古人说得好，得人才者能使国家兴盛，失人才者会使国家灭亡。用人的关键之处在于善取天下人才，而不是庸才、奸才。这也就是俗话说的，宜于长子中选长子，而不宜在矮子中选长子。矮子中选长子，等于在庸才中选庸才，还自以为选的是人才。

王永庆曾经说过："我对新加入公司工作的员工，不要求他具有多少经验。没有经验其实也是好事，就好比一张白纸。对于有经验的人，要想改变他通常就更为困难。"

虽然王永庆不要求新职员有工作经验，但并不等于选拔人才要求的不严格。经过6个月的追踪考查之后，按每个人的专长分配到各单位实习。对于管理人才实行训练，不仅要求他们具有发现问题和解决问题的能力，还要求他们有独立思考、积极追求的素质。在经过一年半到两年的实习之后，就积累了一些工作经验，由实习生成为熟练的工作人员。

王永庆独特的用人方法，对于台塑公司的发展起了相当大的作用。

2、与自己的产品竞争

贲如，皤如，白马翰如；匪寇，婚媾。

——公司要注重形象宣传，通过做广告等手段，力

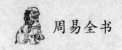

图创新。

世界著名企业家斯隆曾说过："在竞争的经济中，没有公司休息的地方。"只有竞争才可能形成一种紧张、激烈的状态，从而有利于激励精神，提高效率。

嘉士伯和塔堡啤酒都是丹麦联合啤酒厂的产品，但在世界啤酒市场上都是以死对头的姿态出现，同时都大做广告，互相抢对方的顾客，竞争到了白热化的程度。众所周知，从前的生意手法是，不同的啤酒拥有不同顾客，如果一个生产两种性质相同的产品，就更应该各自针对既定的顾客，用不同销售方法推销，而不应该自己人抢自己人的生意。而联合啤酒厂却相反，这样经营的结果是使销售量急剧增加。这除了厂家采用电脑化自动生产线及正确的政策外，秘诀就在于"自己产品和自己产品竞争"的策略。

嘉士伯和塔堡究竟用什么方法竞争？仅以加拿大市场为例，嘉士伯在取得该国酿制啤酒的牌照后，塔堡就以丹麦生产的外销产品和当地生产的嘉士伯竞争，甚至不惜用降低售价的手法展开价格大战。这样使得这两种啤酒得到最佳宣传效果。不管是嘉士伯抢走塔堡的生意，还是塔堡抢走嘉士伯的生意，都会使联合啤酒厂的销路上升。

事实上，塔堡的对象基本是以年轻人为主，而嘉士伯则以工薪阶层为主。联合啤酒厂的董事长斯范豪摩则鼓励自己的两种啤酒花数以百万计的资金在广告上宣传，劝饮惯塔堡的转饮嘉士伯，又劝饮惯嘉士伯的尝一尝塔堡的味道，尽管花招变来变去，顾客饮的仍是联合啤酒厂的产品。正是从这一点出发，斯范豪摩最重要的工作，就是监督这两种啤酒在市场上的激烈竞争。

3、制造新闻，胜似广告

贲于丘园，束帛戋戋。吝，终吉。

——公司的广告宣传是十分重要的，这是公司必须花费的经费之一。

利用新闻媒体自觉地对公司进行宣传报道，是公司策划的高级形式。成功的炒作新闻甚至还可以起到"不是广告，胜似广告"的作用。美国电脑业巨头IBM就曾安排一场"人机大战"，把从20世纪80年代以来走遍天下无敌手的俄罗斯国际象棋大师卡斯帕罗夫请到纽约，与该公司开发的超级计算机"深蓝"对弈，经过10天激烈对抗，深蓝以两胜一负三和的战绩把卡斯帕罗夫拉下棋王宝座。卡氏虽然失败了，但他仍是当今无愧

的棋王。现在看来，最大赢家不是象棋理论，不是象棋科学，而是国际商用机器公司——电子计算机的主人。该公司说，决赛虽然是作为现代化计算技术的辉煌胜利，然而，整个过程更像是为这家大公司精心创意的广告的胜利。据初步统计，整个比赛IBM花了近500万美元，包括广告费、奖金以及编制电脑超级程序的费用。然而，由于传媒在有关"人机大战"的众多报道中，必须常常提到公司的名字，由此IBM公司可节约大约1亿美元的广告费。这样算起来，IBM公司几乎没花钱就使自己的形象增添了新的光彩。美国一家报纸说，超级计算机"深蓝"做了计算机专家几十年想做的事，做了超乎全世界数百万人包括"微软"公司员工想像力的事。国际商用机器公司发言人谨慎地说，难以断言"深蓝"名声大噪对增加销售额有什么明显的影响。但不管怎样，所进行的广告战和"深蓝"的胜利已带来初步物质的成果：比赛第二天，纽约证券交易所该公司的股票价格就上升了3. 6个百分点。

当然，制造新闻不一定非要请国际大师，只要肯动脑筋，生活中有许多值得"做文章"的"素材"。美国有一家商场，当着顾客的面把成桶的牛奶倒入污水沟里。人们看到乳白的牛奶倒掉了，非常惋惜，纷纷探问倒牛奶的原因，商场答复说："牛奶已经过期，为了保障顾客的健康、安全，我们必须这样做。"可就在牛奶被倒入污水沟的过程中，卫生检验部门送来了化验结果：牛奶质量合格，并没有过期，可以继续销售。在场顾客听后，顿时哗然，人们为这家商场的质量信誉而赞不绝口。次日，当地各大报纸均以显著位置对此事大加报道。一时间该商场老板精心策划导演的一场戏家喻户晓。其实老板知道牛奶并没有过期，而是故意这么做，抓住了消费者重视健康的心理，以博得消费者的好感。

优胜劣汰是竞争的必然

原文：《象》曰："剥床以足"，以灭下也。

释义：《象辞》说："剥落床体先由床的最下方床腿部位开始"，是说先损毁床的基础。基础损坏毁灭了，自然就会有凶险的情况发生，而且还会逐渐扩展波及到上面。

释例：剥有剥取、割剥、剥落、剥蚀，同时还有腐败的意思。处世经商，以平常心面对失败。公司经营不

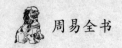

景气，可采取战略转向，以图开辟新市场。

1、灵活的价格模式

剥床以足，蔑贞凶。

——决策应灵活多变。

巴黎证交所附近有家小餐馆，它的菜根据点菜人的多少定价。如果点一道菜的人多，这个菜就贵；点的人少，价值就便宜。顾客可以查看店内的电脑，有人点菜时锁定一个价；也可以冒险到结单时赌个好价钱。不过，顾客和餐馆所承担的风险都不大。每天上下浮动的最大差额不过6法郎，还不到1美元。但顾客可以一试运气，尝尝投机的乐趣。对店家来说，也可以赌一赌能赚多少，因为就算是最低价也包括了成本和一定的利润。

这实在是一个不错的营销策略，也是一堂生动的营销定价课。这家餐馆的老板认识到，并不仅是靠成本加利润算出一个模式就可以定出一个适当的价格。你可以有一个价格模式。但是，如果盲目遵从一个模式，只能对你的业务带来破坏、使你毫无利润可赚，甚至把你赶出市场。

影响你最终定价的因素有很多，如产品、市场、经济气候等。如果你能灵活应变，就可以像巴黎那家餐馆主人一样多赚一点。

在定价时，首先要考虑的是一个最高价，即市场能够接纳的价格。尽管美国轮胎生产商 1981 年比 1985 年的成本上涨了 4%，然而 1985 年的价格比 1981 年却下降了 7%。由于来自国外的竞争，它们的价格远远低于它们的成本加上适当的利润。

2、产品要有新创意

贯鱼以宫人宠，无不利。

——公司在市场变幻的不同形势下及时做好战略调整。

国内一些老公司在经营上缺乏生机、活力，它们包袱重。要说竞争力，还是设备新、产品新、人员新，又没有包袱的公司强。的确，在国内，百年公司鲜有，即便有一二，经营好的，

有活力的也不多。

西门子是一个老品牌，起码有 100 多年的历史。有经济学家做过统计，50 年前的世界 500 强，70% 已经在现在的 500 强中消失了。因此，一个公司能够做成"百年老店"，已经不容易，而这个百年老店还能做到西门

子这样长盛不衰就更难得。

公司能够长盛不衰原因很多，其中很重要的一点是要保持生机和活力。生机和活力是什么？就是"与时俱进"。无论公司有多老，但产品必须年轻。

公司做久了容易做出定式，容易墨守成规。很多公司之所以由盛而衰，都是没能从公司过去的成功中走出来，背负了成功的包袱。时代变了，而自己没有跟着变，最终被淘汰。而西门子能够始终站在跨国公司的前沿，保持上升势头，很重要就是及时调整产品定位。

德国的公司和产品过去给人的印象一般比较保守，属于做工精良、款式老旧的类型。但是一次展会上，西门子却提出了"精粹、时尚、生活"的品牌理念，提出"灵感点亮生活"。公司的标识颜色也从比较沉重的墨绿色、灰色，改为鲜艳、年轻的橙色、天蓝色。这样的变化看起来不大，其实有丰富的暗示：西门子将年轻化。

手机是一种时尚产品，西门子公司的市场分析人员认为，其最有力的消费群在 20 岁到 40 岁，因此让年轻人接受是关键。如果一个产品无法吸引这个最大的消费群体，即使内在品质再好，也不会有好的市场响应。因此，时尚是西门子产品的重要转型方向。

在那次展会上，西门子推出的概念产品，如项链式吊坠手机、手表型手机等都体现了"灵感"、"时尚"等特点，其音乐点播、摄像头等功能更是专为年轻时尚一族所设计，这些产品定位，充分体现了西门子年轻化的趋势。

据最近的统计，西门子手机在全球的市场份额排第三位，这样的业绩也证明，百年西门子年轻化战略的成功。

3、选择战略转向

硕果不食，君子得舆，小子剥庐。

——当公司面临强大的市场竞争时，而自己实力又略逊一筹，应选择战略转向。

20 世纪 70 年代中期，美国西尔斯公司的邮购营业额每年都高达数十亿美元，遥遥领先于美国和世界各国其他同行。现在，西尔斯公司大力推行的邮购商业，在美国和其他发达国家，都规模巨大，美国的邮购总额不下 1000 亿美元，德国有 100 亿马克，日本超过了 1 万亿日元，英国有 30 多亿英镑，意大利 1．3 万亿里拉。那么，现在西尔斯的辉煌是从哪里走出来的呢？

20 世纪 20 年代后期，伍德接过洛森沃尔德的班。

早年伍德曾在西点军校学习，毕业后在菲律宾服役，之后又到巴拿马参加当地的开发计划。第一次世界大战期间晋升为将军，主持军需物资的供给、采购及运输，荣获过联邦政府勋章。战后，西尔斯公司聘伍德为副董事长。针对当时美国市场的变化，尤其是农村市场的变化，伍德采取了新的经营策略，紧随市场的变化而变化。一方面他继续抓好邮购商业，另一方面，拿出更大力量着重发展门市零售——零售商店，扩大服务对象。同时为城市居民和农村消费者提供服务。从1925年到1929年，西尔斯陆续增开了324家零售店铺。到1931年，西尔斯的零售营业额开始超过邮购销售的营业额。

随着零售商店数量的激增，加强商店经营的新课题也出现了。可是过去顺利的邮购业务，没有也不可能为公司培养出现在需要的商店经营人才。在他任公司经理的开始10多年时间里，伍德亲手抓提拔、挑选、培养人员的工作。这种重视人才培养的作风，成为西尔斯公司的一项常规制度，成为西尔斯公司不断发展，走向成功的重要因素。同时由于邮购业务是高度集中的，不多的邮购走向即可供应全国，而遍布美国大陆上的零售商店，却难以事事均由总公司亲躬。因此，西尔斯必须有更有效、更合理的管理层次。各地区商店的独立经营和公司的统一领导矛盾统一。为了实现中央集中采购，又多店铺分散销售，伍德采用了采购部门的集权经营与销售部门分权经营相结合的新经营方式。1948年，西尔斯公司的最高经营机关由董事长、负责商品的副董事长、负责人事的副董事长、以及负责计划与控制的五人小组与各地域事业部长（副董事长）组成的联合经营机构。

在任职期间，伍德实施了一系列重大改革措施。其中最重要的一项改革就是建立连锁经营体系。连锁店是现代工业化大生产原理在零售商业的灵活运用。所谓连锁商店是一种经营性质相同的店铺的综合体，它们挂同一招牌，使用同一店名，店内陈列和装潢形式也大体相同，经营的商品类别也基本一致。连锁商店可以获得规模效益，因为连锁商店可以统一进货（进价可大大降低）、统一宣传（巨额广告费分摊到每一店铺，费用很小），在激烈的商业竞争中易于占据有利地位。

不断强化自己的市场优势

原文：《象》曰："不远之复"，以修身也。

释义：《象辞》说："刚刚开始行动，就能有知过

必改、复归正道的表现"，说明能注意自身修养。

释例：复卦的复是恢复的意思。公司在进入新市场时，要采取一系列的恢复策略。

1、递进性开发

不远复，无祗悔，元吉。

——公司在发展过程中，经营者要依照市场行情不断对公司政策进行调整完善。

美国的胖人是有福的，至少在穿衣方面。国内近年来纤瘦风盛行，像那些略显丰满一点的人，一买衣服就发愁。特别是买裤子，往往长短合适的太瘦，肥瘦合适的太长。略肥大一点的衣服，那样式就"惨不忍睹"。而且基本每年流行一种风格，有时细窄，有时宽大，除了流行的，其他风格鲜见踪影。仿佛工厂里出来的成衣就是灰姑娘的水晶鞋，如果想穿得时髦些，就得"削足适履"，无论是饿肚子，还是跑大圈，都要把身材锻炼得跟衣服架子一样标准才行。

服装生意做到这个份上，似乎已经没有多少开发余地了。但是近年来，美国出现一个突出问题，就是儿童超重现象日益增多。据统计，美国现有600万肥胖儿童，比20年前翻了一番。有的小女孩不过八九岁，体重却到了 60 公斤，浑圆一团，童装里装不下去，只能买成人的 12 号，拿回家再把衣服的下摆、裤腿和袖子裁掉一截。

在肥胖儿童中，男孩还好办些，反正 T 恤牛仔，穿大人的也一样，照着腰围买就是了，何况成人牛仔现在也推出了袋袋型这类时髦玩意。女孩可就够呛了。她们发育早，爱美如命，又适逢青春期叛逆心理，买不到合适的衣服便成了一大心病。其后果是不少女孩子逐渐自惭形秽，不修边幅，甚至完全丧失自信。所以心理学家们认为，如果肥胖儿童尤其是肥胖女童能有条件打扮得时尚一些，对他们的心理健康会大有裨益。

加大号童装，首先照顾青春期的大小孩，这个年龄段的肥胖儿比例最高。在 12 岁到 19 岁的大小孩中，肥胖比例高达 14%。女童装的号从 14 号增加到 26 号。最大的 26 号尺寸与成人的大号无异，但设计却完全是针对小孩的。每个号的加大型是在标准型的基础上，整个加宽 1 英寸，腰围和臀围适当再加大。

2、不分派，自己干

休复，吉。

——经营者对于公司决策要灵活果断，避免使公司

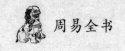

失去机遇。

在分派工作时，你还要冒一种风险，即你的要求可能会被你的下属曲解。本来，你把工作分派出去的本意，就是为了把一切都简单化，但是，一旦你把工作分派出去了，他们很可能会搞得非常复杂，等到这件工作完成时，你会发现，你身边几乎所有的人都被卷进去了。这种结果当然是事与愿违的。

一位总经理讲过一个非常有趣的故事："几年前，我妻子希望得到一双适合草地球场的网球鞋。我在伦敦有一个长期助手叫萨拉·伍尔德瑞基，我把这件事情委托给了他。"

萨拉问："什么牌子？"

我说："彪马。还记得希尔薇娅·哈尼卡在伊斯特伯尔尼举行的那次温布尔登热身赛上穿的那种款式吗？我想，贝蒂西可能比较喜欢这种款式。

"于是，萨拉把我的要求转达给了我们公司的网球业务部：我的妻子想要希尔薇娅·哈尼卡在伊斯特帕尔尼穿的那双草地网球鞋。

"现在，这件事因我而起，我的妻子也被卷了进来。再加上萨拉的不懈努力，一个原本十分简单的要求，被我们的网球业务员按一比十的比例给夸大了。最后，这个要求经过我们公司驻欧洲办事机构的层层转达，终于，我们公司在慕尼黑的一家办事处与希尔薇娅·哈尼卡的经纪人取得了联系，最后又跟她本人取得了联系。4 个月以后，我和妻子在洛杉矶逗留时，我们收到了一个包裹，里面装的就是希尔薇娅·哈尼卡穿过的那双草地网球鞋。

"我想，如果我们真的想要哈尼卡的那双网球鞋的话，我们任何一个人只需要直接给哈尼卡拨个电话，一切问题就可以解决了，根本用不着如此大费周折。"

这表明，在分派工作中隐藏着危险。当你的指示在公司里层层传达的时候，一个原本十分简单的要求，很可能被歪曲到面目全非的地步。我们有必要记住这一点，当我们急于把尽可能多的工作分派出去时，其实有些工作，如果由我们亲自来做，其结果可能反而会更好些。

3、在学习中据为己有

频复，厉，无咎。

——经营者要不断增强自身修养，积极地学习别人的长处。

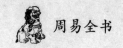
日本人对于竞争对手的一举一动、一言一行都十分感兴趣,从对手的行为举止中获得信息,找到对手行动中不完善的行为和薄弱的环节,从而为自己制造发展的机会。

日本人一向注重向美国人学习和对美国人的研究。他们常常利用接受美国人协助的过程中,默默地观察、学习在美国做生意的诀窍,从而获得许多有价值的信息。如美国人日常生活中爱注意什么,消费者都有什么样的购物心理、购物习惯等等。

日本人把这种学习转变当成了机会。一旦他们认为对美国市场摸清楚了的时候,他们就迅速地建立自己的销售体系,并开始与帮助过他们的老朋友在美国市场展开无情的竞争。

有例为证:一家日本电器公司得知合作的伙伴成功地设计出自动洗碗机后,便将昔日朋友的洗碗机带进实验室,从产品的功率、零件数目和种类等方面,实施分割技术,进行了"全方位的立体"研究。他们通过这种"全方位的立体研究",很快就生产出性能更好、价格更低的自动洗碗机。美国的那家公司虽然曾经是他们的朋友,而且还是一定意义上的老师,但却被日本人无情地夺走了还没有来得及"洗"的饭碗。

4、应变能力与适应能力

中，行，独复。

——如果经营者一味地僵化头脑，缺乏应变能力，公司经营必会失败。

面对公司内部外部的新形势，主张公司的全体职工都要进行五项修炼。这是美国麻省理工学院教授彼得·圣吉在他的著作《第五项修炼》中提出来的。

在他看来，公司是一个完整的系统，同时是一个有机的系统。公司组织就像一个完整的人，其内部结构、总体思维方式和自身的素质都将影响到公司对外在变化的反应。公司组织对外在变化的适应能力的提高和个人各项技能的提高一样，需要通过学习才能达到。同时公司组织又是一个有机体，必须强调总体的能力——公司自己的智慧和判断，自我学习和适应。

彼得·圣吉教授在研究了大量公司兴衰史和参加了大量的公司经营实践后总结出：要在快速变化的市场中，迈向学习型组织，必须具备两个本领：应变和适应的能力以及有远大理想，创造未来的能力。公司就和人一样，不仅是为了生存而简单地适应世界，而且还要为

更崇高的人生理想而奋斗，创造和改造世界。

在自由经济政策下，公司界最伤脑筋的问题是在现代社会中，没有竞争能力和抵抗力的公司，必然会被淘汰，或渐渐地消失。在日本，所有的公司，不问类别，都不允许发生独占的情况，政府时时颁布新的法规，或从国外进口商品抵制垄断。所以，各种行业都有景气好与景气坏的时候。

1940 年创立于千叶县的东京合板股份有限公司，主要制造三合板。1980 年，11 月一个月公司的营业额就高达 103 亿日元。他的客户包括三菱商事会社、安宅建材会社、汤浅产业、日棉建材等大公司。

然而，由于上个世纪 80 年代房地产市场萎缩，房屋滞销，三合板的需要进入低迷状态，公司的经营开始出现赤字。公司想减轻负担，先后转让出东京、船桥两厂。同时，又想采用新技术，建设一个新的现代化合板工厂。不料，新厂的实际生产量，远远低于原设计的标准产量，加上合板需求还在萎缩，原木来源出现困难，经营再一次搁浅。1984 年初，由三菱商事、汤浅产业等主要客户，出资重组公司，一度有所起色。然而，终因沉疴难治，于 1984 年 9 月宣布破产倒闭。

这一倒闭案例，说明公司在市场变化的情况下，如果应变能力不足就会破产。

赢得支持是成功的保证

原文：《象》曰："无妄之往"，得志也。

释义：《象辞》说："不妄动妄求地前去行事"，是说这样就可以实现志愿。

释例：在无妄的状态中，不妄求，不苟得，当行则行，当止则止，这就是无妄卦的含义。公司经营者切不可野心膨胀，占据一个小市场的绝大份额是中小公司的发展之路。

1、持"中庸之道"

无妄，往吉。

——经营者对于公司过去取得的成绩要保持平常心，不要过分求既得之利。

日本关西有家海产品批发商，该公司每年的营业额超过20亿日元。老板嫌利润偏低，有意经营其它行业，但又不知从何入手。想来想去最后走上囤积海苔之路。在日本食品界，海苔属于热门时货，价格暴涨暴落，一

半靠运气，另一半要看公司眼光与判断力。这家公司就正是因为眼光短浅，库存货品过多而不幸倒闭。

在交通发达、公共通讯方便的今天，各种物资的集中和分流速度十分快。再加上全世界首屈一指的日本商社信息网，哪里有多少数量的什么物资，经商者可以及时清楚地获得资料。甚至，各农作物的收获量、商品的生产量等预测技术也取得很大进展。因此，单靠自己的推测或碰运气来囤积物品就想发大财的时代，已经过去了。

现在的另外一个问题是，中小型批发商已亮起红灯。除了极少数的特殊商品外，大型批发商都用大型电脑来处理各种信息，存库量、售货量，都可以从电脑的屏幕上一览无遗；甚至于其他有关同行的信息及资料，也随时都可以获得。

大阪的富士鹰工业公司是日东牌毛线衣的制造兼批发商。除了日东牌这一主打品牌外，还经营"得利卡"和"马加利特"两个牌子的产品，知名度十分高，每年的营业额约25亿日元。其中长畸屋、忠宝屋、日井等超级百货公司就占该公司50%的营业额，另外50%是与全日本各地区批发商交易往来所得。

由于富士鹰一直采取薄利多销政策，因此公司盈利颇低，公司负责人常受董事会的指责。1982 年，在极度保密的情况下，公司决定从国外大量进口廉价的秋冬季毛衣（金额约 6 亿日元）。不料当该批毛衣运到时，因日元大幅贬值，导致成本增加，造成不利的局面。

2、不要高兴得太早

不耕获，为菑畲，则利有攸往。

——经商者不要过分看重一项决策的成功与否，长远大利比当前小利重要。

公司在经营中如遇到下述情况，必须慎重处理，否则往往吃闷亏。比如有一段时期曾是公司的大主顾，而且双方交易金额也不算小，却因一点小误会而断绝往来，有一天这顾客又突然前来订货，或是目前还在往来的客户，因双方在条件上谈不拢，而委托别的顾客代为订货。这时一定要仔细分析对方，是不是其他供应商拒绝供货，才回头找你？尤其在订货量很大时，更要注意，否则，常常会由于贪图多做一笔生意而使公司陷入困境。

在经济萧条时期，业绩不理想，公司赤字又在渐渐增加时，一旦有大笔订货单出现，经营者往往会认为天

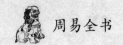

赐良机，不经过慎重考虑，就一口气接了下来。结果，收进来的第一张支票就遭到退票，这时再后悔也来不及了。

公司常常在困苦时遇到这种情况，本来就有财务问题的公司，就可能雪上加霜。

因此，许久没有往来的客户突然回来大批订货时，一定要小心应付，记住不要高兴得太早。特别是以下的情形，尤其应当小心：发现与不同行业之间都有大笔交易的客户；用支票付款，或常发生支票跳票现象的客户。

3、有步骤地摆脱旧事物

无妄之灾，或系之牛，行人得之，邑人之灾。

——经营者要具有非凡的心理承受能力，在应对成败得失时做到沉稳果断。

20 世纪 40 年代，旅馆业巨子康拉德·希尔顿已经 60 多岁了，且拥有无数的财产。他是个"买下广场的人"——"广场"指纽约的"广场旅馆"，是全世界少数最豪华的旅馆之一。就在他 60 多岁的时候，他又买下了纽约的"华尔道夫旅馆"。如果说"广场"是旅馆中的皇后，那么华尔道夫则是皇帝了。继而他又花了 1.

1 亿美元，把整个史达勒连锁旅馆买了下来。这在当时可称得上是历史上最大的一笔地产交易。致富并不难，可成为亿万富翁却不是一件轻松的事。"你必须忘记昨天的成功或失败，不要让昨天的成败束缚你的手脚。"希尔顿的家人，尤其是他的母亲，对他的成功有很大影响。当他特别成功的时候，回到家里总得意洋洋的。有一次回家，他对母亲说："你面前的这个人，现在拥有价值 4100 万美元的旅馆。"他的母亲回答说："我觉得你看起来同过去并没有什么两样，除了你的领带上有污渍。"正是这种教诲，使得希尔顿从不去在意他昨天拥有的成就，于是他的生意越做越大，手脚越放越开，终于成了旅馆帝国的皇帝。

一位希望自己和公司都具有效率的总经理，他会处理好所有计划、活动和任务。他经常考虑："这件事还值得继续做吗？"如果认为没有价值，他就会马上停做，以便集中力量做别的事。如果这些任务能完成得很出色，他自己的工作和公司的发展都将别开生面，真正取得成果。

然而，正如每一位经营者都知道的，维持老一套很容易；一旦着手一件新事，困难就来了。除非在从事一

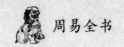
件新工作前，就为它准备好解救的办法，否则等于从一开始就宣判它的失败。对新工作来说，一条可取的解救办法，就是要选用真正有能力的人来做，这种人必须毫不留情地甩开原有的老一套，只有如此才能指望他能承担起新的任务。

有计划地摆脱旧事物，是促成新事物发展的惟一途径。一般人都认为，任何公司都不乏"创造性"见解，但很少有公司能使自己的好见解付诸实施，人人都过分忙于昨天的任务。于是，美国首屈一指的巨型公司——美国电话电报公司解体了，雄霸世界汽车工业的福特公司被人超过了……

4、以逸待劳，后发制人

无妄之疾，勿药有喜。

——时局发生变化时，经营者做企业决策应实行"静观其变"的原则。

上世纪 20 年代初，福特面临一次打击，汽车销量急剧下降，出现了不景气的现象。

当时，正值美国汽车工业全面起飞的时期，各大公司纷纷推出色彩明快鲜艳的新型汽车，满足消费者的不同喜爱，因而销路大畅。惟独黑色的福特车保持不变，显得严肃而呆板，销路自然大受影响。

但是，无论对各地要求福特供应花色汽车的代理商，还是对公司内的建议者，福特总是坚决顶回去："福特车只有黑色的。我看不出黑色有什么不好，至少比其它颜色耐旧些。"

生产逐渐艰难了，福特开始裁减人员，部分设备停工，将夜班调成白班以节省电灯费，公司内外人心浮动，连福特夫人也大惑不解，沉不住气了。

福特却笑着说："这是我的袖里乾坤，先不告诉你，等想妥了再说。"他夫人担心公司里牢骚太盛，会不会人心思走。

福特了解夫人的担忧，信心十足地说："我们公司的待遇高于任何公司，他们不会生异心，同时他们知道我是绝不服输的人，相信我不跟别人生产浅色车，一定另有计划。"

有人建议说："至少我们应该有新车在市面上销售，不至于让人家说我们快倒闭了呀。"福特诡谲地一笑："让他们去说吧，谣言越多对我们越有利。"人们感到很奇怪，问公司是不是正在设计新车？是不是跟别人一样，会有各种颜色的新车？

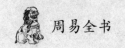

福特回答说："不是正在设计，是已经定型了！也不是跟别人一样，而是我们自己的，而且我们的新车一定比别人都便宜！"这就是福特一生中最得意的"杰作"之一——购买废船拆卸后炼钢，从而大大降低了钢铁的成本，为即将推出的 A 型汽车奠定了胜利的基础。

1927 年 5 月，福特突然宣布生产 T 型车的工厂全部停工，这是公司成立 24 年来第一次停止新车出厂，市面所卖的都是存货。消息一出，举世震惊，猜测蜂起。除了几个主管干部外，谁也摸不清福特打的是什么算盘。让人奇怪的是，工厂停工后工人并没有解雇，每天仍然上下班。这一情况引起新闻界的极大兴趣，报上经常刊登有关福特的新闻，助长了人们的好奇心。

两个月后，福特终于透露，新的 A 型汽车将于 12 月上市。这比宣布工厂停工引起的震动更大。

年底，色彩华丽、典雅轻便而价格低廉的福特牌 A 型车终于在人们的长期翘首等待中源源上市，果然盛况空前。它形成了福特公司第二次起飞的辉煌局面。

福特公司由于 T 型车的开发，早已确定了它在美国汽车工业中的地位。这次面对各公司以色彩、外形为武器发动的挑战，福特并没有应战，而是养精蓄锐，扬长避短，抓住质量、价格这两个关键做充分准备，一旦成熟，就使对手们由强变弱，由优变劣了。这就是老福特的"锦囊妙计"——以逸待劳。

老福特的"以逸待劳"正是一种后发制人策略。这种策略常常表现为一种紧跟方式，就是说，公司并不抢先研究开发新产品，而是当市场上某种新产品初露头角并显示出较强生命力时，就立即进行仿造和改进，把自己的改进型新产品快速抛入市场，达到"青出于蓝而胜于蓝"的结果。

"以逸待劳"并非"好逸恶劳"，而是养精蓄锐，等敌人劳师动众，疲于奔命，彼竭我盈之后待机而动。

因此，决胜的关键除了要有"泰山崩于前而色不变，麋鹿兴于左而目不瞬"的镇定冷静之外，还要有"知己知彼"、"妙算多者胜"的能耐。

绝不被美丽风景滞留自己

原文：《象》曰："有厉，利己"，不犯灾也。

释义：《象辞》说："不顾一切地贸然前进就会有危险的情况发生，这时只有暂时停下来不勉强前进才会

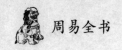

有利"，是说不必冒着灾难风险前进。

释例： 以大畜作卦名，除了有蓄积、蓄养之意，还有一种是停止的含义。当公司的原市场已占有一定份额时，可继续研发新产品，开拓新市场。

1、切勿急功近利

有厉，利巳。

——公司开拓新市场前，应摸清该市场上竞争对手的基本情况，切莫急于进攻。

在市场营销中市场和顾客是出发点。但并不能因为作为这种出发点的市场和顾客发生着较大变化而受其影响，而必须正确地掌握现场、现实和现物的实际情况。为此，必须坚决克服那种单凭感觉和经验的自我本位主义、主观主义，要充分运用市场分析、消费者行为分析、竞争分析、顾客满意度调查、各种实验、试销等科学的分析技术，正确地把握市场和顾客的现状和发展趋势。

另外，公司之间，围绕所限定的买卖活动展开激烈的竞争，这不仅要求公司付出极大的努力，而且还必须积极探索合理的竞争机制，采取适当的竞争对应措施。

2、培训的责任与机会

良马逐，利艰贞；曰闲舆卫，利有攸往。

——在给员工进行培训时，不要急于求成，要有完备的培训体系。

在摩托罗拉，培训既是责任也是个人发展的机会。公司承诺支持员工在技术和能力方面寻求发展，提供了多种类型的培训并鼓励员工积极参加。

每一个新员工都必须接受公司为他安排的为期两天的教育培训。培训课程包括：

摩托罗拉的发展历程、公司文化、员工教育及发展计划、公司和人力资源部的相关政策、公司的规章制度及奖惩条例和公司薪资与福利政策等。此外，由于业务发展变化很快，对员工具体工作的要求经常会发生改变，某些工作将因此而取消，公司将对这些员工进行重新培训以保证员工的就业、生产能力和工作绩效。公司每年为每个员工提供五天的在职培训。员工还可以选择公司准许的某种变通方式完成培训要求并通过学费报销计划来支付培训费用。

在职业培训之外，公司还非常重视为员工提供高级的技术、经营培训及多层次的学历教育。在美国，公司与菲尼克斯大学合作为员工提供在职 MBA 教育。在中

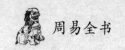

国，公司除与清华大学合作为员工提供 MBA 外，还资助员工在南开大学在职攻读电子学硕士学位。公司还经常派员工到国外进行短期和长期的技术和经营交流。由于公司在培训方面的持续投入，员工在技术、知识和能力上不断提高，使摩托罗拉在同业竞争中一直保持领先地位。

3、示人假象，暗中实干

童牛之牿，元吉。

——公司遇到极大困难时，经营者应痛定思痛，从根本上有所改变。

用"明修栈道"来吸引对手的注意力，诱使对手按照正常的商战原则来判断我方行动意图，而"暗渡陈仓"，从对方没有注意之处发起进攻，以奇制胜。

在日本钟表界，精工公司与卡西欧公司是两个著名的公司。精工公司以仿造瑞士表起家，经过改进，甚至超过了瑞士表。在欧洲、美洲等瑞士表的老根据地，把瑞士表给挤了出去。

在日本，精工的石英表更是独领风骚，出尽风头。忠雄、俊雄、和雄、幸雄四兄弟在 1957 年成立卡西欧公司后，由于技术落后资金缺乏，结果在制作手表上输给了精工。痛定思痛，卡西欧公司表面上装作无所事事，并扬言准备转产，不再生产手表。而暗地里，卡西欧公司把力量放在更先进的技术研究上。公司拿出了巨额科研经费，投在以石英晶体为振荡子的显示技术新领域。经过反复的摸索、试验，终于开发出了精度更高、造价更低的石英电子表。结果，使卡西欧在逆境中崛起，扭亏为盈，无论是产品质量、先进程度和销售增长率都占同行首位。

精工公司原来以为卡西欧退出竞争，不再对自己构成威胁，便放松了警惕，卡西欧的突然反击，使它防不胜防，丢掉了许多销售市场，损失了许多利益，做了蚀本生意。

4、捕捉一闪而过的灵感

何天之衢，亨。

——在日常生活中，及时地捕捉一闪而过的灵感，转化为谋取商业成功的门道，也是"顺手牵羊"的诀窍。

美国一对青年夫妇在用奶瓶给婴儿喂奶时，觉得市面上出售的奶瓶太大，八个月以下的婴儿都无法自己抱住奶瓶吃奶。女方的父亲恰好是一家玻璃工厂的烧焊产

品的检查员，听到他们的抱怨，顺口说："最好在奶瓶两边焊上瓶柄，婴孩就能双手抓着吃奶了。"一句话启发了这对青年夫妇，他们设法将圆柱形的奶瓶改制成圆圈拉长后中间空心的奶瓶，投放市场销售。结果60天内卖出5万个奶瓶，开业的第一年就收入150万美元。他们顺手牵住的已经不是"羊"，而是财神了。

现代社会商业竞争异常激烈，为求自身的生存和发展，各自无不使尽浑身解数。似乎凡是人所能想到的竞争招数都已出齐，然而，仍有人灵机一动，新招数不断面世，如前面的那一对青年夫妇。

这些具有创造力的人无疑是聪明的，但并非天才。他们所面对的启示别人也能遇到，只不过他能迸发敏感的火花而别人依旧茫然。皆因他们很敏感，联想丰富，很留心身边的一切事情，是个生活的有心人。

美国有位叫米儿曼的女士。她发现，她穿的长统丝袜老是往下掉，如果是逛公司或是去公司上班，丝袜掉下来是多么尴尬的事，就算偷偷地拉也是不雅。又想，这种困扰，其他妇女也一定会遇到。于是她灵机一动。她开了一间袜子店，专门售卖不易滑落的袜子用品。袜子店不大，每位顾客平均可在1分半钟之内完成现金交易。米儿曼不仅成功了，目前分布在美、英、法三国的袜子店已多达120多家。米儿曼才三十几岁，已成为百万富婆。

有丝袜往下掉的遭遇的女士小姐何止千千万万，但"顺手牵羊"要开一间袜子店解决这小小的尴尬的人却寥寥无几。由此可见，生活中做个有心人，将会受益无穷。当然，要取得商业成功，除了靠敏锐的头脑，还得有足够的胆量。

蓄积力量谋天下

原文：《象》曰："十年勿用"，道大悖也。

释义：《象辞》说："在十年的漫长岁月里被遗弃而得不到养育"，是因为它与颐养的正道大相径庭，从根本上违背了养育他人和保养自己的原则和方法。

释例：公司经营的成功不是一朝一夕，切莫求急，惟有顺应市场规律，才能做出正确决策。

1、还是从实际出发好

舍尔灵龟，观我朵颐，凶。

——不要对公司的前途有过高奢望，也不能盲目效

仿其他公司的成功之路，要从实际出发。

曾经名噪一时的德国货运飞艇股份公司后来宣布失去支付能力。按照德国法律，失去支付能力的公司还可以有一段时间去寻找新资金。然而对货运飞艇公司来说，找到新投资者的可能性极为渺茫，因此公司离破产只有一步之遥了。

成立于1996年的货运飞艇公司是德国大名鼎鼎的明星公司。尽管该公司至今还未生产出一件原来计划的产品，可公司的知名度、媒体及大众对公司的关注度、德国各级政府对其给予的支持，却在德国所有的新公司中无一能比。

货运飞艇公司的主要产品是超级货运飞艇。1996年，该公司的创始人从19世纪末德国人发明的齐柏林飞艇上得到启发，想生产一种巨型飞艇。这种飞艇可将重达160吨的超大型设备从空中长距离跨洲运送到目的地，解决陆路与海路无法运输超大型设备的难题。为此，他募集了一笔资金，在德国维斯巴顿市成立了货运飞艇公司。1998年，该公司在德国东部的勃兰登堡州购买了一个废弃了的前苏联军用机场，开始建设厂房。当时设计中的巨型飞艇长320米，高82

米，宽 65 米，计划第一艘飞艇的出厂日期是 2001
年。由于该项目能够创造 500 多个工作岗位，为了促
进东部的经济发展，德国联邦政府及勃兰登堡州政府
都给予大力支持，不仅将占地面积极大的废机场以异
常优惠的价格卖给该公司，还给予巨额贷款担保。为
对此项目表示支持，联邦总理、州总理都亲临公司视
察，褒奖有加。

2、领导力第一要件

颠颐，拂经于丘颐，征凶。

——领导者要常与员工接触，避免孤芳自赏。

对于当今中国的许多公司领导者来说，"以人为本"
这个词并不陌生。它日趋频繁地出没于企业家和经理人
的唇齿之间，并被镶嵌在各式各样的公司宣言中。满头
银发的经营大师比尔·波拉德先生把这个词根植在自己
的头脑中，而他的另一个头衔是世界最大的专业服务公
司 ServiceMaster 董事局主席。在他的词典中，"以人为
本"被表述为一种价值观和使命感，以及一系列具体的
甚至是简单的工作行为。

让公司的年营业额达到 70 亿美元，让一个普通的
保洁工从擦地板中体验到自豪和快乐，这是波拉德推崇

并实践的领导力的神奇魔力，而后者更让他感受到一种成功的幸福。

亨利·福特曾经说过一句话，"对于这些员工，我只要他们的双手就可以了，我不需要整个人。"波拉德表示，亨利的观点在现实中是有代表性的。但他认为，这双手属于一个人和一个家庭，他有自己的信念和个性，这些都会影响他作为一个人跟一个组织之间是否产生冲突，而且会不断地影响他的工作成效。"

他指出，作为一个公司的领导层，应该把员工作为一个整体的人、活生生的人来理解，而不是单纯把他们看作一台机器。他的职责是保证公司取得收入和利润成长的同时，还要关注人的成长，让员工能在平凡的工作中获得尊重和自豪感，并且帮助他们实现真正地发展。

25 年之前的波拉德就是怀着这样的心愿加入 ServiceMaster 的，数十年的亲身体验让他感受到，公司的管理与经营、存在与发展等一切都要归结到人这个因素上。

他指出，所谓领导力，除了管理经营以外，还包括人的因素。每一个人都有他自己的尊严和价值，也有不同的技能和才华。管理只是组织一批人来完成一项任务，但领导力会激励这些员工，让他们在合适的岗位上主动充分发挥自己的技能和才华，在对其他人做出贡献的同时完成共同的目标。

管理通常会问"什么应该做"、"应该如何做"，而领导力则关注这样一些问题："哪些人真正适合做这件事"、"为什么他们要做这些事情"。他强调，领导力第一个要件就是有准备为他人服务的精神。因此 Serviee-Master 选择经理人的重要标准之一，就是必须要有一颗公仆心，基于共同价值观的领导力比管理和经营更加重要，而决定领导风格的往往不是个性，而是他们的内心。

3、独树一帜，追求进步

颠颐，吉；虎视眈眈，其欲逐逐，无咎。

——公司的经营者和员工都要不断进取。

葳尔逊，1913 年出生在美国，于 1951 年首次创建"假日客栈"，成立了美国假日客栈有限公司。由于遵循"处处想顾客，事事求创新，时时求进步"的竞争原则，葳尔逊的"假日客栈"旅馆网很快遍布美国 50 个州、世界近 50 个国家，经营的旅馆高达 1700 多家、客房 30 万间，房间利用率也常常达到、甚至超过 100%。因此

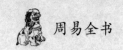

葳尔逊被当之无愧地称为"假日客栈之父"。

1951年的一天，38岁的建筑商葳尔逊带着母亲、妻子和五个孩子，驾驶着汽车，兴高采烈地到华盛顿游玩，打算在那里度过一个幸福、快乐的周末。但是，用品又黑又脏的旅馆房间陈设简陋，甚至有霉臭味……应该竭尽全力为顾客着想！生意人和游客乘坐火车外出的越来越少，而大多喜欢乘汽车四处游逛。今天汽车已经日益成为主要代步工具，应该为那些喜欢沿着公路观赏风景、消磨时光的旅客提供舒适的食宿和周到的服务。于是，葳尔逊想到发行股票的妙计创办起了"假日客栈"。

葳尔逊所创办经营的"假日客栈"，本着处处想着顾客的原则，旅馆中不设"经理"，而设"客栈经营人"。由于客人有困难时，大多数不愿意烦劳经理，而客栈经营人却显得自由得多，可以亲切热情地同客人打成一片，实实在在地为客人提供方便周到的服务。旅馆中决不能出现"没有房间"这个标志。因为这不仅意味着不亲切，还意味着不要人家来。人家只要肯来，"假日客栈"就一定要请他进来；即使真的没有房间，也一定要帮助他们另外安排一个好住处。"假日客栈"的房间利用率常常会超过100%，是由于有很多生意人常乘飞机来"假日客栈"聚会，一开完会即搭飞机离去。因此"假日客栈"便可以将同一房间白天租给聚会的人小憩，晚间租给过夜的旅客。

"假日客栈"的一大特点是独树一帜，勇于开拓努力创新。在那个时候，美国的旅馆业情况都不太好，很多都是冷冷清清的。葳尔逊将房间设计得光线明亮，空气流通，色调柔和，让旅客充满亲切感。他还在房间里装上空调，放上电视机。这样，游客在饱览沿途风光后，晚上还能享受到有趣的节目，而不至于感到寂寞。他还为孩子们增加了不少服务项目，甚至还为旅客设计了小狗居住的免费狗舍……这些措施，在当时来说，都是新奇的。

那时，美国旅馆业的服务项目是比较少的，难能可贵的是"假日客栈"不仅增设了很多旅馆业的服务项目，还新创设了一些与旅馆业相关项目：设有直接面向市场的专门生产餐馆和厨房设备的工厂，各地的"假日客栈"办有印刷厂，虽然开始仅印刷各地"假日客栈"的菜单、客房指南、信纸、明信片等，但后来很快扩充为"假日客栈印刷公司"，是美国大印刷公司之一；添

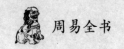

设有食品加工和家具业务；开办商店，销售的商品从日用品到彩色电视机等百货用品，可谓品种齐全、服务周到。

葳尔逊"假日客栈"的另一大特点是不满现状，"时时求进步"。

4、围绕中心求变革

拂经，居贞，吉；不可涉大川。

——经营者善于变革，具有恒心，这样对其自身、公司和员工三方都有利。

许多公司都将"以顾客为中心"作为惟一目标，但最终却难以实现。真正的解决方法是：将"以顾客为中心"的追求与其它目标相结合。

为了争夺市场与客户，很多公司都响亮地提出"以顾客为中心"的口号，但真实情况往往是公司上层心急如焚，言必称"顾客为上帝"，而中下层员工对顾客需求反应缓慢，甚至怠慢顾客。所以，靠零零星星的改进不能扭转这种颓势，惟有系统地推进"对顾客服务、流程经营和员工参与"三项变革，才能使公司真正发生大逆转。

中国的行政总裁不妨对照思考：自己公司的流程和

组织团队有否围绕"以顾客为中心"构建？

每一个独立部门都要努力优化自己的内部效率。目标、目的、考核和职位发展都是在窄小的职能领域内变化的。职能经理及其下属都要集中精力做好自己的工作，或做好自己负责的那块领域，如生产、发货或技术支持。实行职能经营的公司通常会导致服务或质量水平下降、周转时间增加、成本上升。各部门间常常争夺公司资源；部门间会产生经营上的断层，从而破坏跨职能部门的工作流程；某一部门工作改进或变化的时候，往往使另一部门的效率受损；而且在处理顾客关系时缺乏远见，难以满足各方的需求。

一名丰田高级管理人员在强调跨部门管理的重要性时说："仅仅管理你自己部门内的事务还不够。部门经理最重要的职责之一，是改进自己部门与其它部门之间的协调。如果你无法胜任此项工作，那么请去美国公司高就吧。"

经营的需求、目标和前景是所有活动的出发点。经理人是脑，员工是手。管理层掌握宏观的业务远景与策略、经营业绩数据、解决问题和决策的权力。管理层安排做什么下属员工就做什么。

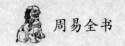

世界在瞬息万变，经理人不再有充分的时间对变化进行预测，仅仅依靠经理不能推动公司变得更好、更快、更新。公司不应固守这种古老的"控制指挥"方法，将控制管理当成万事万物的中心。当零散改进难奏效，意识到需要尽快转向之后，许多公司实施各种改进项目与计划，包括员工参与、授权、培训、激励项目及组织架构改革的目的都是将日常问题的解决、决策、顾客满意度、效率改进的责任和权限等转移到组织的最前线。

5、培养中层管理者

由颐，厉，吉；利涉大川。

——公司领导未必都是精明强干的人，被领导者更不都是平庸的人，管理者要善于使用人才。

成功和有效的员工培训和培养计划，不仅提高了公司员工素质，而且满足了员工自我实现的需要，从而增加了公司凝聚力。不论是多么优秀的员工，公司都负有进行培训和培养的任务。培训和培养不仅仅局限在新员工的岗前培训，主要的重点应当是公司员工的岗位再培训。这不仅能提高员工完成本职工作的技能和知识，通过对员工其他技能的培训，是对员工潜能的进一步发掘。

麦当劳公司在法国的成功，同样也是他们人事制度的成功，它们不仅仅为麦当劳公司带来了巨大的经济效益，带来了公司规模的飞速发展，更重要的是，它们为全世界的公司创造了一种新的模式，甚至是从一个普通的毕业生到独当一方的经理，从这个层面上来看，他们的确为全社会培养了一批批真正的经营者，就商场如战场而言，他们为商战培养了一批批"将军"。麦当劳公司较好地完成了这一点，从而取得了巨大的经济效益，这无疑值得国内公司借鉴。

麦当劳餐馆 1979 年打入法国，在斯特拉斯堡开设了第一家餐馆。短短的 12 年之后，它就扩大成遍及 30 多个城市的由 100 多家餐馆组成的庞大体系。如此的发展速度和规模，必然需要一个相当成熟的中级管理阶层。在麦当劳，这个阶层主要是由年轻人组成的。

创新是长盛不衰的常规

原文：《象》曰："过涉之凶"，不可咎也。

释义：《象辞》说："涉过深之水会发生凶险"，但

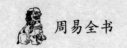

如果能及时补救，还是可以化险为夷，最终不会有
祸患。

释例：过是经过、度过的意思。经营者要勇于创
新，以求出奇制胜。

1、共同追求"一体利益"

枯杨生稊，老夫得其女妻，无不利。

——管理层内部或员工应注意互相协调、弥补，这
有助于事业的进步。

美国早期的公司管理，是以明显的劳资对立为特征
的。本世纪初泰罗的"管理革命"促使管理者阶层迅速
发展，介入了两大对立阶级之间。

泰罗认为：经营上高度的职能分离，是提高公司效
率的"普遍原则"，是推动工业革命的强大引擎。当今
美国的管理学者认为，泰罗的"让工人作简单明确的工
作，经营者从事计划、组织、指挥"的经营思想对美国
公司建立标准化大生产方式做出了杰出的贡献。然而今
天这种思想的作用已经枯竭，它甚至成了阻碍公司进一
步发展的障碍。

《美国的再开拓》的作者罗伯特·瑞契指出，建立
在三权分离基础上的管理原则的活力，现在已经泯灭。

这种分离思想的弊病在于：三种力量互相对立，互相制约，引起了劳工不满、经营不彰，它以"劳工不需要思考"、"不需要创造"为假想前提，因此压抑了本来应该努力发掘的劳动者的才华；它使劳动者与公司关系疏远，不愿意为公司牺牲自己的利益，不能为长远利益牺牲眼前利益。这种指导思想使公司内三种力量互相抵消了。

当前，美国公司内这三种力量的实际状况是：第一，劳动者的素质比以往大大提高了；第二，劳动方式在相当多的公司里变成以脑力劳动为主；第三，三者相互关系格局发生了显著变化。现在不仅资本可以控制工人，工人也能够控制资本；资本家不很容易找到工人，工人却比较容易选择资本家。美国职工目前拥有的退休金占全国净资本的一半以上。因此以互相分离制约为方针的管理思想已不利于公司生产要素的"整合"，必须代之以三者合作，共同追求"一体利益"的管理思想。

2、找到最有潜力的人

枯杨生华，老妇得士夫，无咎，无誉。

——公司的人力资源对公司成长起关键作用。

人才在信息社会中的价值，远远超过在工业社会中

的价值。原因很简单，在工业社会中，一个最有效率的工人，或许比一般工人能多生产 20% 或 30%。但是，在信息社会中，一个最好的软件研发人员，能够比一个一般人员多做出 500% 甚至 1000% 的工作。例如，世界上最小的 Basic 语言是由比尔·盖茨一个人写出来的。而为微软带来巨额利润的 Windows，也只是由

一个研究小组编制出来的。既然人才如此重要，微软研究院是如何去发掘人才的呢？

找出有杰出成果的领导者。这些领导者，有些是著名的专家，但有时候最有能力的人不一定是最有名的人。许多计算机界的杰出成果，经常是由一批幕后英雄研究创造的。无论是台前的专家教授，还是幕后的研究英雄，只要他们申请工作，微软都会花很多的时间去理解他们的工作并游说他们考虑到微软研究院工作。

找出最有潜力的人。在中国，科学信息技术起步较晚，所以，现阶段杰出的成果和世界通讯的领导者比起美国要少得多。基于中国年轻人（如应届硕士或博士生）的聪明才智、基础和创造力，微软专门成立了中国研究院，在中国寻找专家，寻找潜力。

微软在选拔人才时，采取比较特殊的面试方式。每

一次面试通常都会有多位微软的员工参加。每一位员工都要先分配好任务，有的会出智力方面的问题，有的会测试创造力及独立思想的能力，有的会考察与人相处的能力及团队精神，面试时，所有的问题都是特别有创意的。

比如，测试独立思考能力时，会提出这一类的问题：

为什么下水道的盖子是圆的？

请估计北京共有多少加油站？

这些问题不一定有正确的答案，但是由此可以测出一个人思维和独立思想的方式。每一位员工面试之后都会把他的意见、决定（必须雇用、应雇用、可雇用、弱雇用或不雇用）、已彻底探讨的方向及建议下面员工可探讨的方向，用电子邮件通知所有下面的员工。最后，在所有的面试结束以后，集体做总结，挑选新员工。通常是在获得全体同意之后才雇用一个人。但就算是全体同意，公司仍会询问申请者的老师、同学或其他可能认识申请者的人的意见。若一切都是很正面的，才会雇用这位申请者。微软正是通过这样的严格组织、谨慎态度和深入面试来表达对人才的重视。

3、"钻空子"的战略

藉用白茅，无咎。

——经营者以占领市场为目标，但不要陷进无序的市场竞争之井。

日本公司不论在哪一个市场，都以获得占有率为终极目标。然而，在欧美公司所占领的很多世界市场上，日本产品在技术和销售方面都跟不上竞争对手。他们如果采用正面"强攻"的办法，就难以取胜。所以，日本公司经营者往往采取扬长避短、避实就虚策略，根据"自己发现的市场需求，满足需求"这一现代市场营销学的原则，通过选择没有竞争对手或者对手势力较弱的区域；瞄准那些对手没有发现的市场，寻找机会。

在东南亚、拉美、远东等地，他们采取的是乘虚而入的方式占领市场。在亚洲各国，日本的家电产品几乎没有遇到欧美厂家的挑战，松下、东芝、索尼、日立、三洋等商标迅速在亚洲妇孺皆知；在拉美、巴西，日本有5家牌号的彩色电视机进入了当地市场，夺得了统治权。虽然美国人也参与了巴西市场的竞争，但无法力挽狂澜，使美洲成为"日本美洲"。

日本人对市场的开发，主要针对竞争对手没有发现的领域而探索和开发，出奇制胜。比如像小型汽车、摩托车、电视机、收录机、复印机等。日本本田、理光、佳能等公司成功地占领了美国市场。即使如此，也没有引起美国人足够的警惕，他们把日本人的很多商品看作是"一种玩具"。美国哈利·戴维森公司董事长哈利·戴维森面对进入美国市场的日本人的轻型摩托车进行过如此一番评论，他说："摩托车只用于消遣、娱乐。它不会被当成交通工具。

以前我们生产过这种类似于玩具的东西，但因市场不好，很快就停止生产了。所以我们对这种'玩具'前途看得非常清楚。"

美国佬这一回大大失算了！日本人在这一被"交通"遗忘的角落苦心追求，终于取得了巨大的成功。

这是一种"钻空子"的战略。日本商人十分善于发现别人"家里"的"缝隙"，从而插上一脚，乘巨人沉醉之机入室偷香窃玉。在过去的40年时间里，日本公司就是凭借着这种战略原则，在世界市场上占据了一席之地。

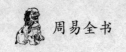

充分发挥过人的胆识

原文:《象》曰:水洊至,习坎;君子以常德行,习教事。

释义:《象辞》说:《坎卦》的卦象是坎(水)下坎(水)上,为水流之表象。流水相继而至、潮涌而来,必须充满前方无数极深的陷坑才能继续向前,所以象征重重的艰险困难;君子因此应当坚持不懈地努力,反复不间断地推进教育事业。

释例:只有经得起重重考验的公司,才能取得更辉煌的业绩。

1、签定合同的最佳火候

习坎,入于坎窞,凶。

——经营者决策前切不要轻举妄动,而应慎思斟酌。

有很多理由证明早签定合同比晚签定合同好。如果大家在合同主要条款方面已经基本上达成了一致,在对方改变主意之前把合同签定下来是比较可行的,这将是一份能够得到充分履行的合同。但是,有经验的经理会怀疑对方是在催促他草率地签定合同。对方越是着急要他签定合同，就越是在提醒他应该再对合同仔细审查一遍；对方越是要他快点签字，他就越是觉得要慢慢地来。

当然，如果对方是一个经验丰富的商人的话，他就不会明显地流露出希望你快点签字的意思来。他不会对你说："请你在下个星期以前签定这份合同。"他的"葫芦"里有的是要你尽快签定合同的花招。

一个比较普通的办法就是等待，一直等到快到年底时再给他寄去合同草案。出于法律上的考虑，有些人会赶在12月31日之前签定这份合同。出于税收或者完成销售配额的考虑，他们可能希望在本财政年度内收到你的汇款。但是，如果你基于上述原因而甘愿签定对你不太合算的合同，那么，这就不值了。

事实上，许多公司就经常用这种方法来催促别人尽快与他们签定合同，对此，应该采取非常讲究但又极其简单的防守办法。你可以告诉对方，他们应该给你足够的时间，以便你能够认真地对合同进行审查，你至少需要几个星期的时间，大约到下一年年初，你会给他们一个答复。而且，你还要告诉他们，一旦你经过审查，认

为合同规定得很全面详实，你会很乐意签字的。然后，你可以提出要求，请他们在本财政年度内提前有担保地支付部分款项。

你甚至需要写信表明你希望签定合同的诚意，以确保即使你没有按时签字，那笔钱也能够汇过来。这是一种非常好的双赢策略，对方也没有承担什么风险，你也可以很快得到付款。但是，最重要的是，对于那些不是非常合算的合同，你是绝对不应该签字的。

2、避免正面冲突

樽酒，簋贰，用缶，纳约自牖，终无咎。

——公司冲出困境需主客观两方因素，当客观条件不具备时，经营者不可求速，要慢慢探寻脱险的方法。

一个公司总有起步的时候，作为弱者，要想生存、发展乃至夺取市场的领导地位，关键是选择好战略。诚然，弱者可以向强者发动正面的、直接的挑战，如果能够成功，收获的果实也多，但风险太大，一般没有胜算的把握。这时，最有效的方法是实施柔道战略，即先保存好自己，然后去战胜对手；避免与对手发生正面冲突；以弱者姿态出现；攻其不备，乘虚而入。最后一条"攻其不备，乘虚而人"道出了柔道战略的真谛。

世上没有十全十美的事物，任何强者乃至市场领导者都会有或这或那的缺点。一般说来，强者的缺点正在于它是强者，它通常要拿出巨额费用用于开发新产品和新市场、扩张分销渠道、培育市场，后继者花费较小的代价就可学习其经验，模仿或改善其产品和营销方案；市场领导者往往由于"触角伸得太长"，分散资源，侧翼空虚；市场领导者易犯"大公司病"，缺乏活力，经营守旧，效率下降，成本增加；市场领导者还容易志得意满，丧失警惕，麻痹大意，等等。经营专家彼德·德鲁克在《创新与企业家精神》一书中，针对美国公司一而再、再而三地败在日本公司手下这一残酷事实，总结出美国公司存在的五种极普遍的坏习惯，

日本公司正是利用这些坏习惯，乘虚而入的。

3、改变决策，体现明智

坎不盈，祗既平，无咎。

——经营者由于自身决策失误而导致公司经营进入困境，要努力反省，寻找出路。

坚持自己的决策也要把握一定的前提——当自己的决策明显偏颇的时候，就不能坚持错误，而是应该果断地寻求改变的策略。许多经营者都觉得改变主意是一种

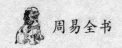

无能的表现，而实际上则恰恰相反，及时改变的错误主意是明智的举动，这非但不会遭人耻笑还能赢得人们的尊重。当然，如何圆满地改变自己的决策，其中也大有"艺术"可言。

（1）选择一定的时机。如果情况发生变化，那你在一分钟内改变想法也无可厚非。不过在改变决策以前，最好还是选个最佳时机。一般来说，做出决策与改变决策之间的时间越长，这种变化就越容易被人们所接受。因为，时间会使环境发生变化，环境又能让人发生变化，而且时间久了，人们也就渐渐淡忘了你以前所持的态度。

（2）列出充足的理由。明确地罗列出你之所以改变决策的理由，别人就不会认为你朝令夕改。理由越多，大家就越相信这不是个草率的决策。这个道理再明显不过了，可是许多经营人员只凭直觉妄下断言。当手下问起为什么改变想法的时候，得到的只是诸如："因为我想这么做！"或"我愿意！"那样硬梆梆的回答。从这些回答里，人们只能看到一个飞扬跋扈的老板的形象。

（3）不妨试着作一次武断的决定。假如你既没有拖延时间的借口，又找不出足够的理由，在这样的情况下，不妨试着作一次武断的决定。显然，这样的决策一旦宣布，肯定会召来一片质疑，可对你来说理由总归是有的。

4、以拿来主义替代冒险

系用徽纆，置于丛棘，三岁不得，凶。

——当公司经营好转时，经营者务必小心谨慎，戒骄戒躁，防止过分冒险。

冒险虽能带来乐趣，但却不是商人的目的。众所周知，电脑行业是一个高风险的行业。在微软公司的"三不哲学"里面，第一条就是"不要冒险"。微软公司一旦发现其他公司软件功能比自己的优越，便采用拿来主义，运用在自己的软件中，而不冒险去做。

虽然这会引起司法诉讼，但是，精明的比尔·盖茨知道，所有的司法诉讼都需要一个漫长的过程。而且，微软公司有的是金钱，大可请最好的律师为自己辩护。与冒险开发新产品相比，诉讼的费用要少得多，例如：苹果公司与微软公司的司法纠纷，在经过长达十年的诉讼以后，所有的参与人员都感到疲惫不堪，最后大家只好和解了事。

国际性大公司也只能有如此的结局，一些规模小的

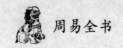

新兴公司，就只能采取其他的方法来保护自己了。网景公司的遭遇，就是微软公司在互联网络大战中实施拿来主义的一个例证。

作为互联网络领域里的一个新成员，为了赶上对手，微软买下了曾是网景公司竞争对手的一家公司的产品，将其加入到自己的产品生产线中，并且不惜在功能上模仿网景的产品。

如今的微软公司开发人员也充分把握了"三不哲学"的精髓。知道如何从竞争对手那里得到设计思想和理念，巧妙地否认自己的产品与对手的有相同或相似之处。

虽然人们对微软公司在软件开发上所具有的绝对优势表示怀疑。但是，微软公司的 Windows 系统却能够获得几乎百分之百的市场上的成功。这是微软公司的营销策略与产品策略的优势，因此，他让大家相信，微软才是最好的。

因为微软公司有庞大的用户群，即比尔·盖茨用不着担心自己的产品是否会被人接受，他可随心所欲地加入和其他公司不兼容的功能和标准，用其手中的用户群来迫使其它公司就范，从而迫使对方不得不跟随他的标准。

一流决策与人心等高

原文：《象》曰："履错之敬"，以辟咎也。

释义：《象辞》说："在开始行事时，由于急于求成而出现错乱，后来能恭敬慎重且未轻举妄动"，主要是为了避免灾祸的发生。

释例：离卦的卦德是附，依附于其它物体，如灯火依附于芯捻子；灶火依附于柴草。从词义上看起来是矛盾的。为什么是矛盾的？离是离开、分离，而依附呢？是靠近、亲近，这不就是矛盾吗？古人就是利用这种矛盾显示易象、易理。所以离的卦德除了依附，还有"附丽"。所以处世经商要善于把握人际关系。

1、决策的两个内容

履错然，敬之，无咎。

——在公司打入新市场之初，经营者要慎重、全面地做公司规划决策。

何谓决策呢？这里面有两个内容：

（1）用人。公司如何用人，如何用好人，关系重

271

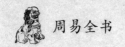

大。多形式地引进人才，多形式地运用现有人才，多形式地全方位培养人才，多形式地锻炼人才，对于管理者来说，是职责中的第一需要。

（2）产品开发。包括产品的修改、完善及系列化，包括相通产品的开发，包括全新产品的开发，这种开发对于领导的胆识、气魄和素质，是一种硬碰硬的考验。

2、决策的两个依据

突如其来如，焚如，死如，弃如。

——公司的制度、决策规划要随时代变迁而更新。

今日杜邦，是世界上最大的化学公司。可是，谁能想到，杜邦也曾龙困浅滩。20世纪初，杜邦公司濒临危机，无人敢接重任，杜邦家族拟将公司出卖给别人。这时候，三位堂兄弟出来力挽家危，廉价买下了杜邦公司。

这三位堂兄弟具有经营大公司的丰富知识，而且又有在铁路、钢铁、电气和机械行业中采用先进经营方式的实践经验。他们与泰罗私交也不错。上任伊始，他们就果断地抛弃了"亨利将军"的那种单枪匹马式的经营方法，精心推出一个集团式经营的新经营体制。杜邦公司是美国第一家实行集团式经营的公司。

集团式经营设立"执行委员会",这一组织隶属于最高决策机构董事会,作为公司的最高管理机构。董事会闭会期间,公司大部分权力都由执行委员会行使,董事长兼任执行委员会主席。1918 年,执行委员会的规模是 10 个委员、6 个部门主管、94 个助理。这些高级管理者年龄大多在 40 岁上下,正是精力旺盛的时候。

杜邦公司抛弃美国当时流行的体制,创造出预测、长期规划、预算编制和资源分配等新管理方式。在实行管理职能科学分工的基础上,设立制造、销售、采购、基本建设投资和运输等职能部门。居于这些职能部门之上的,是一个高度集中的总办事处,它掌握着销售、采购、制造、人事等工作。

执委会实行一周一次会议制。负责听取情况汇报,审阅业务报告,审查投资和利润,讨论公司政策,并商讨各部门提出的建议。采用投票、多数赞成的方法对各种问题进行表决,权力高度集中在执委会手中。各单位申请投资,一定要经过有关部门专家审核,超过一定数额的投资,部门主管没有批准权。

执委会的预测和决策,一方面依据发展部提供的充足数据,另一方面依据各部门的详尽报告。各生产部门

和职能部门必须按月、按年向执委会汇报工作。月度报告汇报产品的销售情况、收益、投资以及发展趋势；年度报告汇报五年、十年计划，以及投资、研究和发展方案。

在集团经营管理体制下，由于权力高度集中，能够实现统一指挥、垂直领导和专业分工。因此公司秩序井然，职责清楚，效率显著提高。20 世纪初，杜邦公司生产的五种炸药占当时全国总产量的 64%～74%，生产的无烟军用火药则完全占领了市场。第一次世界大战中，协约国军队有 40% 的火药来自杜邦公司。1918 年杜邦公司的资产增加到 3 亿美元。到今天，杜邦成为化学工业的巨型航空母舰。

3、千钧一发时的决断力

王用出征，有嘉折首，获匪其丑，无咎。

——公司取得成就后，经营者要努力维持好局面，防止昙花一现。

不妨看看一家曾经一度摇摇欲坠的公司：英特尔。1985 年，当时来自日本的强大竞争压力已经把英特尔的存储芯片挤到了出血大甩卖的境地，观察家们都认为这家公司已经山穷水尽，忙着给它写"讣告"。然而，英特尔没有像宝丽来这样等死，它一咬牙来了个壮士断腕——彻底退出存储芯片业务，从此专攻微处理器。

当时英特尔的创始人安迪·葛罗夫和高登·摩尔曾经无数次地反躬自问："假如董事会把我们一脚踢开，换一个 CEO 坐到这个位置上，你觉得他应该怎么办？"摩尔当年的回答就是放弃存储芯片。

这种千钧一发之际的洞察力与决断力就在那一刻灵光闪现。后来他们回首这段往事时说，当时的问题也就是一个形势需要你做什么的时候你敢不敢做的问题。

经管畅销书作者吉姆·科林斯花了多年的时间来研究伟大的公司与平庸的公司之间到底有何区别。"其实有一个泾渭分明的标志，就像你拿石蕊试纸去辨别酸碱一样，你只要看当有一堆痛苦的事实摆在面前的时候，他们是选择怨天尤人，还是选择勇敢面对。"葛罗夫和摩尔在那样一个紧要关头迫使自己站在一个旁观者的角度冷静、诚恳地承认眼前残酷的事实，结果赢得了时机。

4、建立远景的能力

黄离，元吉。

——公司经营过程中，经营者时刻要居安思危，建

立公司远景。

为公司确立方向，是公司领导人的首要职责。著名调查机构盖洛普（Gallup Organization）研究 30 年来对全球 4 万多名领导人和高层经理的调查结果发现，确立公司发展方向是领导人最主要的能力之一。

在中国，为公司明确大方向，多年来已经成为领导人的常规工作。由此，他们也引领出一批像联想、海尔、长虹那样的成功公司。在这些公司中，领头人自身的价值观取向，在建立公司中扮演了极其重要的角色：

美国 Fordham 大学商学院副院长、北大国际 MBA 项目美方主任杨壮教授说："张瑞敏、柳传志和倪润峰都有一套信仰和价值观，它们为公司文化奠定了基础，促进了公司战略的实施。"

然而，当今经济环境不确定性因素的增加，给方向确立带来了新的挑战。只为公司指出一个笼统、宽泛的大方向，给员工带来的仍将是一片迷茫。

全球领先的领导力开发机构智越咨询公司（A-chieve Global）的一项最新调查表明，建立远景的能力"如果很糟糕，甚至不具备该能力，那么产生的后果就不仅仅是员工得不到激励，更严重的是他们会因为迷失

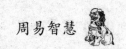

方向或者怀疑目前的方向，而导致郁闷和焦虑。"关于公司远景，中国公司需要更多的认识。

与人沟通可确保胜局

原文：《象》曰：虽凶居吉，顺不害也。

释义：《象辞》说：虽然会发生凶险的事情，但是只要安居静处，便可以避灾远祸了。

释例：咸，本义是指全部、多、皆、全等义。"咸"在卦里不作"咸"，而是作"感"。咸字下面应该加一个心字。那这里为什么不直接用感字？为什么有"感"的意思，又把心去掉呢？这是作《易》者用心良苦，意思是，讲是有心，它又是无心；它有有心的一面，又有无心的一面。关键看你是用什么心，是用什么心去感应。所以还是不用心好，如果用心，那就局限了。无心的"咸"是自然感应，有心的"感"是人为的感应，这就是作《易》者这么一种微妙的用意，用字巧妙，说明"《易》与天地准"。经营者要用领悟能力好的员工，不要用那些只会机械效仿的人。

1、让客户喜欢自己

咸其股，执其道，往吝。

——搞销售开拓市场不可盲目，要从认识自己开始。

顾客们比较喜欢从他们喜欢的销售人员那里购买东西，这意味着作为营销人员的你可以通过认识自己来达到提高你与顾客沟通的技巧。米歇尔·尼科尔斯（Michelle Nichols）是一位营销顾问、培训师和演讲家，她所服务的公司总部设在休斯敦，她将自己的营销经验总结成文，以飨读者。

她在文中谈到："在我开始自己的推销生涯之初，我的一位顾客想购买一种供银行使用的设备，我确信，这种产品只有我这里才有，但问题是，他不喜欢我。当我预期他要忍受在一份大额货物销售定单上签上我的名字的这么一种痛苦时，我就忍不住偷偷发笑。但我笑得太早了，他找到了一个解决痛苦的办法——不买我的货品，另谋出路。

"这是我销售生涯中经历的第一次打击，然后，教训接踵而至。后来，我听说了这样一句至理名言：如果两个人都想完成一笔交易时，则任何的细节都不会让他们分道扬镳；但是，如果他们当中有人不想完成这笔交易时，则即使所有的细节都具备了，交易依然会泡汤。这句名言所要表达的最核心的一点是：对于销售人员来说，解决销售难点的最关键是要懂得如何让客户喜欢自己。"

正如上例，尼科尔斯说："如果当时我能意识到处理好处于敌对情绪的关系，就能让我得到这份定单的话，我就会躲在幕后指挥完成这笔交易，说不准还会接到这位客户的另一份的银行设备定单了。进一步说，如果当初我能被这位客户接受了，天知道，我将会获得多少额外的业务。事实上，即使只能拿到部分金额的定单也总比什么都没拿到要强"

营销专家 Jack Nadel 曾说过："所有的生意都是要通过人来完成的。"尽管市场销售部门将所有的时间都花在广告宣传和时髦的电脑展示上，希望通过这些营销途径来招徕顾客。但到最后，大家都还是得面对面地谈生意。这就意味着如果你是销售人员，就必须让那些有价值的顾客喜欢和信任你们。"

2、实行"绩效付酬"

贞吉，悔亡。憧憧往来，朋从尔思。

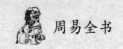

——做事决策要有主见，领导者要把握公司的总体目标。

成功的领导者必须在公司内部建立起有效的激励体制，透明的赏罚制度，实行"绩效付酬"，让优秀的员工得到更多的认可，使他们产生归属感。"

一些中国公司为了调动公司领导人的积极性，对他们实行年薪制。他们所获得的报酬与普通员工的差距越来越大。这对公司领导人激励员工实现公司经营目标，发挥了重要的作用。

但是也要注意问题的另一方面，就是要避免由于公司高层的报酬，影响到领导人与员工的工作关系。

John Kotter 认为，发达国家公司高层管理人员的薪酬体系需要改革。这种体系在拉开高层管理人员与普通员工的薪酬差距的同时，也在他们的关系中树立了一条鸿沟。这十分不利于公司整体事业的发展。

由全球著名行政总裁组成的研究经营与市场问题及对策的权威机构 The Conference Board 有一份调查报告指出，高级管理层和决策委员会的接班问题被行政总裁视为一项主要的经营挑战，这反映出人才培养的重要性。

在成功的公司中，培养他人的能力，是判断行政总裁成熟度的重要标准。韩国三星电子公司的金正旭指出：“如果一个领导人害怕自己的属下比自己厉害，而把自己的属下给‘淹死’的话，这样的领导下不会有能干的人才。因此，一个不遗余力培养人才的领导者，才会拥有很多人才。这样，成功的机会才会更多、更大。”